U0869532

领舞

Lead Dancer 谭梅

人民东方出版传媒
People's Oriental Publishing & Media
東方出版社
The Oriental Press

目录 CONTENTS

目录 CONTENTS

推荐序 | 最好的时光

□朱军

博尔赫斯曾经写道："时间有两种：与你在一起的时间和与你分离的时间。"

初相遇时，谭梅还是个小姑娘。生为跳舞的女孩，她吃得少，我总开玩笑说："像喂只猫儿一样就把她'养'大了。"纵使这些年，她不断进阶，成为聪慧的妻子，勇敢的母亲，负责任、有担当的校长，但在我心底深处，总有一幅她少女时期的剪影映在那里，不曾更易，不理光阴。

家里的"小姑娘"要出书了，我是当仁不让的作序人。

从恋爱到结婚，我们一直处在部队和家庭的双重庇护之下。恋爱受到部队特许，朱家就在军区大院，她每天最重要的功课就是练好舞蹈，下了课，回到家，桌上的饭菜飘着热气，亲人的关怀就在耳边。大家族的保护层把风风雨雨遮挡在外，她无须考虑太多，我们的欢聚时光轻松而甜蜜。

新婚不久，分离的时刻到了。我离开兰州，赴北京打拼。预想之中的难舍难分并未上演，她非但没有拖住我的后腿，还在我背上插了一对翅膀："你好了，我就好了。"

两地分居，适逢朱家也从大院搬出。我们的小家里只剩下她一个人，她娘家远在西安，要回婆家还得先在公共汽车上颠簸近一个小时。吃饭要去食堂了，衣服必须自己洗了，她在软化消融的保护层下慢慢坚强起来了。

坚韧的她考取"军艺"，终于到了北京，可我们居无定所，恨不得一个月搬一次家。那时没有什么家当，拎起两个箱子就走，每天早上睁开眼睛，今天是招待所的天花板，明天是小公寓里浆皮剥落的一堵墙。

那时的“在一起”，更多的是一种心灵上的相互关照。她在“军艺”上着学，每周只有一天能回家团聚。当时我们买了一台全自动洗衣机，质量特别棒，直到现在还能用。有时我一琢磨，她每次回家，守着洗衣机的时间比守着我的时间还长。她异常刻苦，每逢考试、比赛，她一回家就直奔洗衣机，洗完衣服又赶回学校排练去了。

相聚的时光虽然仓促，心灵的慰藉却无比深远。她来之前，我一个人漂在北京，有一次，和同事们经过北京站东南角，看到一栋四五层的小楼，红屋顶，很漂亮，我脱口而出：“这个房子好，什么时候我能住到这儿来啊。”

嘲笑声立马就涌了过来：“你想什么呢？做梦吧。”

她来了，我不再孤独。我和她搭起荫棚，小心护住每一个被嘲笑的梦，正是这些共同的愿景，支撑着我们风雨兼程。

许多声音都说：“家庭生活是需要经营的。”我不同意。人走出家门要穿衣服，也要给言语、行为披上一层外套，我们或多或少要带着掩体去经营各种各样的事情，这理所当然。但如果在家还不能放松，还要去刻意经营，还有什么意思呢？

不经营不等于不经心，我们家的关键词是彼此理解，给对方充裕的空间。我和她，无论彼此做出怎样的决定，只要没有触及原则，都会相互尊重。

譬如她要开办八八空间，一个从小到大只当过小组长的人，倏然要去管理一间学校。我心疼她，不想让她出去受累，可她决心已定。于是我耳边响起当年她那句：“你好了，我就好了。”我想大概是时候回应一句：“你快乐，我就快乐。”

从艺术家到企业家，她直到现在还在学习，也在进步。八八空间的良好发展，远远超出我的预设。最初一两年，我每天都做好她“干不下去”的心理准备，随时预备打开家门，迎接我的“小姑娘”回家。可转眼间她已经做了将近十年，八八空间有声有色，她也成为不少人口中的“谭董”。

我是个西北“大男人”，当我心中的“小姑娘”也要摇身一变，成为一位“大女人”的时候，我难免五味杂陈。从前，她撒撒娇，耍耍脾气，我可以笑笑就过去了，但现在，有时她闹情绪，我脑海里可能立马蹦出一行冒着火花的字：“怎么，你在家里还要做董事长吗？”

好在这些年，我们早已达成了默契：天大的事，只要是家里的事，两口子的事，就不是事，也不应该是事。如果夫妻之间还要计较，那日子就过不下去了。

在她最美的年华，我将她揽入怀中，此后再没放开。曾有人问：“二十多年了，你们的爱情还在不在？”我则反问：“你觉得爱情是什么？”

如果爱情就像马拉松，有人觉得起点处激情澎湃的爱情最浓烈，我却偏爱在终点撞线的爱情。在我看来，真正的爱情与激情不同，是两个人牵手一生，直到没有任何欲求，只想相依为命；不再为生活琐事烦心，不再为世俗羁绊劳神，激情褪去，细水长流，只有你，只有我，相依相伴走到最后。等到走路颤颤巍巍，过马路顾左不顾右的时候，你是我的左眼，我是你的右眼，那才叫爱情——我们的爱情过去了？我们的爱情还没来呢！等它到来，那将是我们最好的时光。

总启 | 和我一起跳舞

LEAD DANCER

光影烂漫，音乐悠然，亲爱的你，请沿着心愿长廊，追逐着光，驾临我的空间，和我一起跳舞。

秋刀鱼会过期，肉酱也会过期，连保鲜纸都会过期，而我竟然在衣柜深处翻出了一条保质二十年的裙子。

裙子有没有过期，主要取决于女主人的身材有没有走形。我轻松套下这件时隔二十年合体依旧的裙装，似是显摆，又像示威，在朱军面前来了一个标准的芭蕾小跳，老公则回报了一眼漫长的“不屑”。

二十年前的款式也许无以穿出家门，毕竟它不是奥黛丽·赫本那件永不过时的小黑裙。对我而言，这裙子更像是一面锦旗，用金线绣着这样几个大字：恭喜你，暂时逃过一劫。

岁月是把杀猪刀，能够在刀下幸免于难，只因我是一个跳舞的女人。三十载习舞生涯里，我是舞蹈虔诚的信徒。而永久的美丽带来终极的便利，便是舞蹈赐予我的福报。

如果说女人的成长是一场美丽的疼痛，那么女人的智慧则是在疼痛中美丽地起舞。跳舞的女人更乐于直面、接受甚至迷恋疼痛。像蒲草一般柔韧，是舞者应对生命的姿态。

和我一起跳舞，这是我的邀约，更是我的祈祷。

和我一起跳舞，可爱的孩子——

安塞尔·亚当斯说过比诗更美的一句话：“我们不只是用相机拍照，我们带到摄影中去的是所有我们读过的书、看过的电影、听过的音乐、爱过的人。”

作为舞蹈教育工作者，我想在一舞之间教给孩子们的，不只是身姿和舞步，更有我带到舞蹈中去的所有我走过的路、尝过的苦、沐浴过的聚光灯和枯坐过的冷板凳。作为关爱他们的老师，我想领舞他们的人生，给予他们从生理到心理的多重培育。

每当小学员用呻吟甚至啜泣来表达他们对于耗腿拉筋的抗议，我不忍心却又不得不狠心。与他们即将在漫长人生里面临的考验相比，肉体上的疼痛不过是意志的最初试炼。关于舞者之痛，我有太多的故事可以讲，而其中最有说服力的一则取材于我自己。

直到 16 岁，我才开始接受专业的舞蹈训练，住在一副基本已经定型的躯体里，却不得不把浑身筋骨像抻皮筋一样拉伸到像女童一般柔软。训练中，疼痛变成像呼吸一样无法停歇的事情，但为了跳舞，我愿意在撕裂般的痛苦中死去，再像浴火凤凰一样涅槃重生。那时的我像是一只蜷曲在茧里的绝望的蝶，终于赶在力气耗竭的前一秒咬开了坚硬的壳。

破茧化蝶，我成为一位专业舞者，而这一舞，便是三十年。无数为人父母的观众，观舞时或许喜欢向孩子喂上几勺“台上一分钟，台下十年功”的心灵鸡汤，可我总觉得那台下功夫里日复一日的痛，局外人未必真的懂得。

舞者的美或许可以超越种族、国界、文化的沟壑而为全人类所共睹，但舞者的痛却注定只有舞者才懂。对疼痛的共情只能来自体验和经历，而不能来自想象力。

我懂得每一个学舞孩子的痛，但也深知他们还需要更多的痛。成为舞者的前提是忍受痛苦与克制欲望，这样的历练对于商业时代的孩子们而言，来得不是太早，而是需要更早。脚掌擦地，才能够触摸艺术的质感：脚尖踮起，才可以跟上时代的旋转。无论是否合理，但这就是真理。

和我一起跳舞，亲爱的朋友——

漫漫人间路，重要的是与谁同行，还是去向何处？萧红曾对着九十年前的长空抬起清澈的眼："那些我将要去的地方，都是我从未谋面的故乡。那些我将要见的人，都会成为我的朋友。"我深以为然。

每个人都有属于自己的一个远方，对我而言那是一座舞者的殿堂。幸运的是，我固守了这个方向，因此途中的每一处风景都让我适得其所，而每一位行人都能与我志同道合。我们都是舞者，在群舞中共同享受友情的亲厚和缘分的奇妙。

她们是我的战友：辣与酷是军中生活的基调，这两味佐料调剂出文艺兵的飒爽气魄。而我也在部队大环境的熏陶和战友们的感染之下，由青葱走向成熟。

生命中承上启下的那几年里，我们在最近的距离见证彼此的成长，打磨掉少女的骄纵，雕琢出女兵的英气。兼有军人的硬朗和舞者的柔情，便是我们身上最为相似的烙印。

她们是我的密友：我热爱生活，更感激命运，毕竟是生活和命运让我有幸结识了许多优秀的女性：名媛，闺秀，更有一位位叱咤风云的女中豪杰。

社交场合，男士们往往借酒把话匣子打开，而我则通过舞蹈的话题邀别人走近我的世界。聊聊健身，谈谈跳舞，便因此结交了多位闺中密友。她们中的许多人将事业打理得井井有条，却对自己的形貌疏于照料。她们夸赞我塑形有道，我便引领她们叩开舞蹈之门，帮她们在头脑高频运作之余，肢体也能艺术化地跃动。

她们还是你们，每一位亲爱的女性朋友：冰心说，世界上若没有女人，这世界至少要减少十分之五的真、十分之六的善、十分之七的美。

美是我们最宝贵的东西,然而千万不能节省着用。美是舞者皈依的宿命，更是女人终生的功课。每一位女性朋友，不妨以求艺者精益求精的姿态去经营自己的身体和灵魂，即便不是舞者，也必定不做凡人。

和我一起跳舞，亲密的爱人——

有人说：“爱是真真切切的，有一天你会发现它，但它有一个大敌，就是生活。”对于这句话，我和朱军都不敢苟同。我们相信在真爱面前，生活无可奈何。

虽然我先于朱军登上过春晚的舞台，也曾做过影视演员，但无可置疑，朱军是比我“公众”得多的公众人物。多年以来，媒体在打量我时，多半把目光聚焦在“朱军夫人”的头衔上，而非我本人。

每当采访者把话筒伸向我，带着或艳羡、或玩味的眼神追问我与他相知相恋的每一处细节，在一次次重复的回答中我感觉自己俨然是在背诵别人的爱情故事。

我想,如果朱军是一本书,那么我无非是其中某个章节里的单元女主角。那个章节大概叫作“成功男人背后的女人”，我的角色设定是文静、美丽、善良、懂事，而人物评价大抵是“嫁得不错”。

我对此倒是没有什么意见，只是淡淡地觉得“可惜”：一方面，我和他的感情之路实在是过于平顺，被外人评价是男才女貌，门当户对，部队支持，家人首肯，给不出什么诸如“王子与灰姑娘”式超越阶层身份勇敢追求真爱的故事，或是“罗密欧与朱丽叶”式冲破家族阻碍热烈追寻幸福的故事。

或许是天生太合适，没经过什么惨烈的对抗或争取，我们就简简单单地收获了真爱，因此我能讲述的只有稳稳的幸福，而非一个跌宕起伏的好故事——婚后打拼的那几年或许稍微振奋人心，然而也无非是浓缩了那年那月那一代“北漂”们的奋斗简史，在时隔二十年功成名就的今天提起来，显然颇有些无力了。

另一方面，由于老公太优秀，我们的感情故事便总是以男性的视角来叙述。虽然我情愿头顶“名人之妻”的光环乐得自在，甘当他传记里的补充和注脚，但我们毕竟真真切切携手走过二十多年的时光，很遗憾，在那些满是阳刚之气的男性奋斗史里，烟火人间寻常光景中某些感性的瞬间和细腻的柔情，总是被匆匆忙忙地省略了。

这一次我将在自己的故事里回忆我和朱军，回忆我们是如何在爱情中互相取暖，在岁月里彼此成就。我们两个人的无间旋转，是一出情到深处的双人舞。或许便正如一句电影台词：“和他一起，不怕死，也不怕活到很久很久。”

辗转腾挪，共同进退，在生命与情爱的舞台，我们以灵魂的默契相依为命。

和我一起跳舞，永远的自己——

我是生长于和平年代的舞者，但我从未停止过征战与讲和。我的作战对象是我永恒的舞伴——自己。

我以舞蹈与身体交战。

自成为专业舞者的那一天起，我就开始学习在饥饿里获得满足，就像在压腿时爱上疼痛一样爱上饥饿感。这种理念或许会激起营养学家一个神秘的微笑，但我心甘情愿。

舞蹈本就是一场疼痛的美，如果不痛，美从何处来？或许有些美的真实姓名叫作病态，可惜每一个跳舞的女人都难免病入膏肓。追求艺术是一趟苦旅，我宁愿委身于疼痛和饥饿，献上对美的礼赞，高歌猛进。

百年前，风起处，有贤者傲立，衣袂飘飘，冠带严整，轻吟一句“不欺暗室”，意为即便是在无人看到的地方，君子言行举止也必定要磊落光明。

从某种意义上来讲，女子对容颜和身姿的自我要求又何尝不是同理可证？若是只身独处时便任由自己蓬头垢面、乱发粗服，恐怕只会辜负了天生美丽的属性。冰冻三尺尚非一日之寒，气质神韵的内在修炼是场润物无声的宏大事业，融入一生，不舍昼夜。

女人的美与不美取决于自己，作用于自己，说到底更是为了自己。美是功夫，熟能生巧，出发点虽不是取悦别人，却总能令别人赏心悦目。

作为舞者，我的自我管理近乎严苛，却无纠结。虽然偶尔也会冒出大快朵颐的念头，但我总能很好地克制，然后像是动了凡心的化外之人一样，默念一声：“罪过，罪过。”这清心寡淡的心境背后，是多少人难以想象的禁欲熬煮，是加诸我一人之身的悄无声息的战役。

我以舞蹈与心灵讲和。

女性的生活，未必就只能从一个房间到另一个房间，更可以从一个空间，到另一个空间。这空间，也许是台北城隍庙繁华转角的小摊位，也许是有留学生跳着街舞纵情摇摆的美洲校园，也许是悉尼大学弥散着书香的青草地，也许是巴黎小镇有稚嫩童声吟唱赞美诗的教堂……或许在不少人看来，我不过是穿梭于为四方游客精心准备的、一幕幕如此相似的绚烂和繁华，但幸好我带着一双渴求美感的眼和一颗追逐文艺的心，一路上总能如愿收获纷至沓来的新意和惊喜。

每到一处，我都会起舞，通过舞蹈，我的身体与心灵建立起最默契的链接。我在澳大利亚黄金海岸上起舞，迎着亚热带湿润的季风；我在斯坦福大学的穹顶建筑下起舞，当时我并不知道那天恰好是母亲节。在一段段充满惊喜的旅程中，我遇见我的灵感，我和我的身体欢聚。我所到之处，都是我的乐园。

雷蒙德·钱德勒用镜片后睿智的目光审视这个世界："如果我不强硬，我就无法活；如果我不文雅，我也不配活。"

我有一间自己的房间，关上房门，我的强硬和文雅都毫无保留地献给自己。我强硬地与身体交战，又文雅地与心灵讲和，就这样，我在自己的房间里找到真我，然后与外面的世界坦诚相见。

芭蕾舞演员以足尖点地撑起一条主力腿，然后才能旋转和跳跃，而一间属于自己的房间就是我与外界接轨的基准点。先立住这一点，才能点动成线，连线成面，由面及体，最终构建起属于自己的空间。

心灵的空间、家庭的空间、事业的空间，种种空间交相连缀，便垒起我生命的建筑。这建筑里人来人往，但我会保留其中的一个房间，只配一把钥匙握在我自己手里。

光影烂漫，音乐悠然，亲爱的你，请沿着心愿长廊，追逐着光，驾临我的空间，和我一起跳舞。

第一章 | 脚尖处有大文艺

LEAD DANCER

踮起脚尖，亲吻文艺，我与舞蹈两情相悦。

不跳支舞不准回家

有人问邓肯最早跳舞是在什么时候，这位现代舞之母的回答干脆飒爽：“在娘胎里时——大概是牡蛎和香槟的缘故吧，要知道那可是爱与美的女神阿芙洛狄特最爱吃的东西啊。”

在被除了牡蛎和香槟之外什么都无法下咽的母亲孕育了九个月之后，邓肯自降生那一刻起就开始不停地舞动小手小脚，后来她成了家人和朋友们的开心果，只要他们给她围上小围兜，她就会伴着音乐跳起舞来。

这位伟大舞者毕生的功绩在她降临人世之际就已初现端倪，这天赋便如同肖邦 7 岁开始谱曲、毕加索 8 岁完成第一幅油画作品，是可遇而不可求的馈赠。

我与舞蹈之间没有什么传奇，有的是一段细水长流的缘分。

我并非出身文艺世家。父亲早年入伍，母亲是小学老师，再向上数一辈，祖父做会计维生，整个家族和艺术似乎沾染不上半点关系。

但我牢牢记得，爸爸在炫耀他和妈妈的恋爱史时，曾经得意地把眉毛一挑：“追她的时候，我们也跳舞啊。”

如果爸爸是凭借跳舞追到了妈妈，那舞蹈与我的渊源真是太深厚了——没有舞蹈就没有我。

或许爸爸、妈妈的身体里潜藏着艺术细胞，然而囿于现实条件，终其一生都未得激活和施展。但他们正如那个年代里每一对富于牺牲精神的父母，燃尽青春和梦想点起一把篝火，照亮了我们这些子女的漫漫前程。

成为舞者是我最终的归宿，却不是我最初的梦想。

当我第一次理解了“梦想”这个词的概念并在自己身上对号入座时，我想我的梦想是做一位老师，因为我的妈妈就是一位老师。

小小年纪的我，活生生地应验了“家庭系统排列”理论创始人海灵格的理论：年幼的孩子本能的冲动，就是要变得像父母一样。他们会毫不隐瞒地模仿自己的父母。

在生命最初的那段道路上，在性格养成的关键时期，是妈妈带给我关于爱、关于美的启蒙。

我在西安市文艺路小学读书，妈妈就在学校里任教。她的工作似乎从不会在下班时间准时结束，放学后，她经常带班上的学生回家里补课，而且不收取任何费用。

我们家的面积不到 20 平方米，小屋里只放得下一张餐桌。学生把课本摊在桌子上听妈妈讲解要点，我就坐在他们对面写作业。有时候写累了放下笔，一抬头就看到晚霞在他们逆光的剪影上勾了一道金边。光芒耀眼，我常会不经意就眯起眼睛看入了神。

当时我想，当老师一定是一件特别好玩的事情，否则妈妈不会那么喜欢教学生。

我家中有姐妹三人，我是备受宠爱的小女儿。成长的道路上，两位姐姐走在我的前面，她们伸出手拉我一把，我就能提早几年看到远方路上的风景。

大姐最早显现出舞蹈天赋，刚上中学就成为了校舞蹈队队员。见她每次练完舞都格外光彩照人，我便更加笃定舞蹈有种神奇的魔力，能让爸爸追到漂亮的妈妈，也能让姐姐出落得越发亭亭玉立。

“姐，明天有排练吗？”我隔三差五地问。只要她们学校有排练或演出，我一定会准时坐到场下，做最忠实的观众。

我满怀对舞蹈的憧憬，她们的每个动作都跳进了我的心里。一回到家，我就迫不及待要展示自学成果，展示的方式是凭借记忆把她们当天排演的舞蹈全部模仿一遍，像《草原英雄小姐妹》《沂蒙颂》之类，学得有模有样，简直无师自通。

妈妈和两位姐姐都觉得神奇，但并不曾动过送我学舞的念头。在她们眼中，艺术太玄妙，若是走上这条不归路，恐怕我一生就要飘飘摇摇悬在半空。舞蹈可以怡情，却不能充饥，更不能许我一份踏实的生活。

大姐在舞蹈队风生水起地跳了几年，然后就迎来了毕业。

某个蝉鸣不止的夏日午后，我静静地趴在床上看她最后一次把练舞服清洗、晾晒。滴着水的衣裙在风中轻轻地颤抖。

“以后就不跳了吗？”

她没有回答，第二天就把练舞服收进来，叠好后封装进不透明的袋子里，高高地藏进了衣柜最高的那一格。

我忽然明白了什么：舞蹈的世界就像是游乐园，只能偶尔进去游玩一次，我可以心向往之，但那里毕竟不是我的归处。

如果可以住在游乐园里就好了。

小学不开设舞蹈课，唯一与舞蹈相关的是音乐课。音乐老师是从西安市歌舞剧院转来的专业人士，许多个昏昏欲睡的下午，最提神的莫过于听她弹着钢琴教我们唱歌，有时还会配合歌曲设计几段简单的舞蹈。

对于不上任何兴趣班的我来说，这位教我们跳舞的音乐老师是可以把握的唯一资源。一节课的时间太短了，我怎么都学不够。

升入初中，我还是经常去找这位音乐老师学舞蹈。无数个放学后天边浮着火烧云的日子，我扎着两条小辫子，背着大书包，脚步轻快地走在文艺路上——这就是兴趣的力量。

进入初中的同时，我也进入了青春期，就像身边的每一位同龄人一样，开始在敏感和叛逆的撕扯中重新定位自己与这世界的关系。

心理上强烈而隐蔽的变化是海平面之下涌动的暗流，体态上的变化则是海面上一览无余的浪涛。发育就像个来势汹汹的不速之客，它盛气凌人，我只得折腰。

“挺起来，挺起来。”每天背起书包出门上学，身后都紧紧跟着妈妈的这句话。

我象征性地向后扩一扩肩膀，但走远一些就松懈下来，依旧要从含胸驼背的姿势里寻找安全感。身体曲线的变化会引起同学的关注，太尴尬了。

舞蹈是唯一能与这种尴尬对抗的力量。只有在跳舞的时候，我才能“抬头做人”。

乔普拉说，心灵和身体是一个共同体，而“觉察”则是牵线搭桥的中间人，它让身体知道内心在想什么，也将身体对内心的反馈回传。通过“觉察”自己的身体，我们就跟潜在的无限可能性磁场建立了联系。

我便是通过舞蹈建立起了对身体的“觉察”。从前我不会去留意自己的呼吸、心跳、眨眼，然而这些最微小的细节里却隐藏着玄妙的秘密。

某次练完舞，坐在长凳上休息，低下头，看见自己的胸膛起起伏伏，我意识到那是呼吸在起起落落。那是我第一次注意到自己的呼吸。

我完全意识不到呼吸系统的运转，但它自己的机体细胞会无比精确地控制每一次呼气和吸气的频率和力度。这就是我神奇的身体，它可以在同一时间内指挥我的心脏有力地跳动、指挥我的肢体完成我设想的动作、指挥我的白细胞剿灭病毒和细菌，又指挥我的头脑来思考这些我正在思考的事情。

我与我的身体如此亲近，却从未试图与她沟通，意识到这个遗憾的我准备亡羊补牢。

我开始在舞蹈里与身体对话，也如愿感受到了身体所传达的信息：她喜欢旋转和跳跃，喜欢尝试具有挑战性的动作，喜欢刷新身体的极限，喜欢舞蹈带给她的灵动而协调的感觉，甚至包括肌肉和韧带上的那一点点的痛觉。

我越来越喜欢舞蹈，也越来越喜欢我的身体，慢慢地，就把挺胸抬头的好习惯从舞蹈中带到了现实生活里。我终于可以落落大方地在所有人面前挺胸抬头，因为我清楚地知道，我的形体曲线在进行一场美丽的进化，直面变化，因为了解，所以坦然。

升入初中的第一年里，我自作主张做了两个决定，这两个决定让我在学校里名声大噪。

事情要从升入初中后过的第一个春节说起。

每个小孩子都盼望过节，春节是最盛大隆重的节日，也承载着无数望眼欲穿的期盼。

除夕，吃过年夜饭，放了鞭炮，守了岁，大年初一早起揉揉眼睛，就一脚深一脚浅踩过雪地上星星点点的红色鞭炮纸，被大人带着去各处拜年。当又一年春节过完的时候，留下的回甘便是从亲戚那里接下的压岁钱。

我把一个个折得整整齐齐的红纸包打开，仔仔细细数了又数，五元整。这些钱被我收进抽屉最深处，直到半年之后才因为一个伟大的使命，而得到重见天日的机会。

一转眼就到了半年后的暑假，那年夏天格外闷热，我像是蒸屉上的小笼包，每天闷在家，在四溢的热气里慢吞吞地写假期作业。

在这种沉闷的气氛里，似乎酝酿着什么新鲜的改变。

某一天深夜，我被蚊子叮醒，然后就一直睡不安稳，第二天被明晃晃的太阳光晒醒，环顾一周，妈妈和两位姐姐都出去了，桌上有她们留给我用一张报纸盖着的早饭。

当时大概已经八九点钟，街巷上、院子里都嘈杂起来，我在人声和蝉鸣的合奏中掀起报纸准备开饭，但无心的一瞥却让我撂下了筷子。

“群众艺术馆特邀教敦煌舞的老师开办暑期培训班。”

这消息狭长地印刷在报纸的角落里，没有联系电话，需要现场报名。

敦煌舞对于在小学期间一直跳儿童舞和集体操的我而言，像是一扇通往未知世界的大门，既神秘又吸引。我用抽屉里的年钱交了报名费，几天后，我就站到了群众艺术馆的舞蹈教室里。

来学舞的都是成年人，我是班级里年纪最小的学生。闷热的夏天从此不仅有汗流浃背，更有酣畅淋漓，每次去学舞都是最快乐的时光，换好练功服，穿过一条长长的走廊，就像一步一步在走近我的梦想。

假期结束的时候，课程也接近尾声，这个夏天，我一共学会了四支舞蹈。

仿佛命运有意为我刚刚学到的一身本领创造一个施展的机会，新学期伊始，学校就举行了全校舞蹈大赛。

机会近在眼前，岂有放过之理？我从假期学的四支舞蹈里选了一支自己最喜欢的印度舞，第一时间报了名。

万事俱备，只差一件演出服，我便动员全家一起帮我想办法。比照画报上印度女郎的装束，先请妈妈去商店买了一把黑色毛线编成辫子，又借来姐姐的项链充当头链，贴身穿练功服，外面应该搭配的一件沙丽是最头疼的部分，想来想去，决定买一匹红绸子代替。

我对着镜子，前前后后从头到脚审视自己。

“已经够美啦，镜子都要被你照烦了。”妈妈和姐姐取笑我。

比赛当天，我额头坠着项链，胸前垂着毛线，身上裹着红绸就上了台，演出服装虽不专业，但我对我的印度舞还是胸有成竹的。摆结束造型的时候，偷偷瞟了瞟台下评委的表情，就知道自己不是盲目乐观。

果不其然，结果一出，我获得了全校第一名。

这个奖项让我在学校里一时名声大噪，几乎全校同学都知道了有一个叫谭梅的女生跳舞跳得非常好。

这场比赛只是一个开始，后来，学校大型晚会的舞蹈编排、外宾欢迎会上的舞蹈节目，都少不了我的身影。我就像是生长在西双版纳高山云雾间的茶叶，经过采摘、筛选、晾晒等层层工序，终于等到了在沸水里舒展芳香的机会。

经过一次次展示，我在舞蹈方面的特长渐渐为身边的人所认可，爸爸妈妈也从不以为意发展到引以为傲。走亲访友时常拍拍我的肩膀：“小梅，给叔叔阿姨跳个舞。”我就义不容辞地发挥一段，总能博得满堂喝彩。

我每周都要去姥姥家，老人们更喜欢看我跳舞，每次吃完饭，临回家前，我即兴表演一支舞蹈，他们的皱纹里都是笑意。

他们说：“小梅，不跳支舞就不准回家。”

舞蹈成了我的关键词。

跳舞让我在最渴望认同的年纪里得到了肯定，每当我需要自信的时候，就会习惯性地到舞蹈中去找，而这个思考模式让我把自己和舞蹈越来越紧密地联系在了一起。

最开始，没有舞蹈就没有我；到现在，有舞蹈的地方就有我。

我的全家福，从左至右为二姐、大姐、我、妈妈、爸爸。

青春：从未迷茫，却有沧桑

我一直不敢回忆最开心的那个时刻，因为怕心痛得流出泪来。

在狂喜和悲痛相继造访之前，我就像是住在台风眼里的人，在意味深长的平静中，享受着风暴来袭前最后的风和日丽。

初中毕业，我不假思索就报考了幼师。在我看来，做幼师既可以教书育人，又可以唱歌跳舞，既圆了儿时的梦，又续了舞蹈的缘，实在是再理想不过的职业。

幼师考试包括声乐和舞蹈的测试，我虽然也称得上能歌善舞，然而毕竟没有接受过系统的训练。面对专业的考试，我必须拿出一套专业的本领，而这就需要得到专业人士的帮助。

妈妈此前为学生们提供的无偿补习在此时为我带来了不曾设想过的回报——那些学生之中，有一个人的妈妈就是专业的舞蹈老师，她辗转得知我的情况后，不由分说便揽下了为我培训和助考的重任。

妈妈带着我走进她的舞蹈教室，我把准备好的一段舞蹈跳给她看，结果音乐还没放到一半，她就点点头，示意我暂停。

“这孩子的舞蹈是在哪儿学的？”她问道。

“她就上过一个月的课，平时都是自己跳的，没人教。”妈妈如实回答。

她难掩惊讶之色：“你家这个孩子是有天赋的，没学过都能跳得这么好。”

我心里有点小得意，但头脑还是很清醒的：“马上就要考试了，我还差得多，老师您要多帮帮我。”

在这位老师的帮助之下，我如愿考入西安艺术师范职业学校，向我的老师之梦又迈进了一步。

西安艺术师范职业学校专门培养幼师，我也终于等到了学校里正式开设的舞蹈课。多年之后，当学生时代每一节课的记忆都渐渐淡化，我还是清楚地记得第一节舞蹈课上的情形。

只因为那个美丽的背影。

宽敞的形体教室里，她背对着我们，面窗而立。她身材高挑，曲线玲珑，长发整齐地拢到脑后，盘成舞蹈演员通常会梳的那种发髻，有一种说不出的美感。

应该是哪位先到教室的同学吧，我想。

直到上课铃响起，还是不见老师的影子。有些同学开始交头接耳，而她就在这时转过身来。

“我姓张，是你们舞蹈形体课的老师。”

我一愣，这才慢慢留意到她的头发分明已经花白了。原来，那妙龄少女的背影，竟也可以属于一位年过五旬的女人。

惊讶和赞叹接连在头脑中闪过，最后，我欣喜不已：这不就是我的理想吗，在很久很久以后，活成一个窈窕、端庄的舞者，就像她一样。

这位老师是学校从西安市歌舞团特地请过来授课的，说话干脆利落，双眼炯炯有神，眼角掩不住皱纹但额头依旧光洁，一举手、一投足都流露出多年练舞的韵味。

便正如那句话："容貌会衰老，但运动使人拥有的容光焕发是不会轻易褪去的。"舞蹈具有如此神奇的力量，以至于每一个真心与舞蹈相爱的女人都再也不能与之分离。

安娜·巴甫洛娃把自己毕生的精力都献给了芭蕾舞，弥留之际的一句遗言催人泪下："把我的天鹅裙准备好！"

当生命将猝不及防被上帝收回，芭蕾舞裙是她唯一不忍割舍的宝物，而她最后的遗愿则是将芭蕾这终生厮守的伴侣带入天堂。

舞蹈的美对我有着持久的吸引力，但我苦练舞蹈，并不只是为了自己能美丽地生活。比起孤芳自赏，把美感分享给别人能带给我更大的幸福感。

住在我家隔壁的是一对和蔼的中年夫妇，他们唯一的女儿不幸罹患小儿麻痹症，动过一次手术，每天基本只能躺在床上，眼睁睁看着青春和时光绕过失去知觉的双腿，匆匆溜走。

有时我跟着爸妈去他们家做客，大人们聊天时，我就跑去找那位小姐姐。

有一次，她忽然说："听说你很会跳舞，给我表演一段吧。"

那次以后，我们之间达成了默契，每次去做客，我都要准备一套舞蹈跳给她看。有一次，我正跳着，她的妈妈推门进来，陪着她把舞蹈看完，眼眶竟然泛红了。

"她生病之前，也最喜欢跳舞了。"

我愣了一下。

"她说，最盼着你来，能看你跳舞，就像她自己在跳一样。"

我低下头，不知道该说什么。

能让别人高兴自然是好事。可是短暂的快乐背后，难道不是更甚一重的痛苦吗？

日子一天天过去，某天下午，二姐忽然对我说："有个机会，你要不要去试试？"

我一脸茫然地看着她。

她把一张报纸递过来，指着上面的一行通知："兰州军区招收舞蹈演员。"

我二话不说，拿着报纸就去找妈妈："妈，我要当兵了！"

大话也只能在家里说说，第二天，到了报名现场，看到一张张年轻的面孔，大家都束腰盘发，嘴唇紧抿，下巴高高扬起，兴奋忽然就被铺天盖地的紧张所取代了。

我们是一大清早就赶去报名的。原以为已经是最早的一批，然而走在路上，远远就看到人头攒动。

"那么多人，不会都是来报名的吧？"我心里面的小鼓顿时咚咚作响。

竞争太激烈了。

排着队，向前看是一个个引颈而望的身影，向后看是一双双写满了渴望的眼睛，我心里面不断燃起斗志，却也不断被恐惧浇熄。这个机会如此宝贵，我想要，其他的女孩也想要，现在我们一起站在这里报名，当尘埃落定的时候，最终如愿以偿的人会是谁呢？可以是我吗？

"最多能招几个走？"耳边有人在议论着。

"不知道。估计没有多少，三两个吧。"

"三两个？这么多报名的，就招两三个？"

听得越多，心就越慌。

后来我才知道，那次报名的一共两千人，而最终穿上军装的，只有八个。

初试并不顺利。

虽然很早就接触舞蹈，又在西安艺术师范职业学校学过，但大多数时间都是在照猫画虎，学的也不过是皮毛上的东西。初试考察基本功，几个女孩一组，一字排开，考官口令一发："下横叉！"左右两边的女孩一声不吭软软地下去了，我抱定"不成功便成仁"的决心，却还是和地面有一段距离，姿势不标准，还要靠双手的力量来撑，撑了不一会儿额头上就渗出汗珠，由于紧张，手臂有些不稳，整个人几乎就要颤抖起来。

"不太妙啊！"我暗自叫苦，但为了不被考官看出我的窘迫，只好努力调整，无论身体上多么吃力，脸上还是保持着一片云淡风轻。

终于，考官下达了第二个口令："下腰！"我一咬牙，一闭眼，只管把身体向后仰。很好，双手摸到了地面，但是该做下一个动作时，自己却直不起腰，还要等考官过来扶我一把。

所幸这次选拔不是淘汰赛，要考核综合素质，否则我恐怕要在第一轮筛选中就败下阵来。

作品展示环节，我终于等来了自己的长项。基本功考察环节失掉的分，我在这里加倍赢了回来。考官们看过其他女孩的表演，等到我上台，只做几个动作，他们就眼前一亮；即兴表演时，音乐响起，台上许多人一起跳，而我总是最能吸引观众的目光。

兰州军区这次招收舞蹈演员是事出有因的。当时部队正在准备一台全景式歌舞《红霞里有个我》，但文艺兵队伍里青黄不接，较早的一批陆续结婚生子，一个个调走，而年轻的一代过于年轻，没办法马上上台，因此这次招收演员，主要是想找到可以立刻投入排练表演的、年龄稍大一些的女孩，也正因如此，当年稍微超过年龄限制的我才有了报名的资格。

几场选拔过后，考官们认为我虽然基本功不是很好，但可以慢慢通过训练来改善，难得的是舞蹈感觉不错，值得考虑。就这样，我被划入了复试名单。

复试不是一场考试，而是层层选拔，往往在家里吃着饭，就接到电话；看着书，又有通知。初试合格的五百个女孩子就在一次次的筛选中慢慢被削减掉，有太多同台参选的面孔，一次选拔之后就再也没有见过。其间，那位妈妈班上学生的家长再次伸出援手，多次帮我做辅导。压力也就是动力，我把患得患失的情绪转化为志在必得的劲头，每一次选拔都展示出新的进步。

我成了最终的入选者。

终于，我的名字被印到了最后入围的名单上。入围者将参加为期一个月的集训，要从四十人里面确定最终入选的八个。从两千人到四十人，身边的人越来越少，水平也越来越高。

集训那一个月时间里，我开始接受系统的芭蕾训练。众人之中，我的身高不占优势，相貌也算不上是最漂亮的，最终打动考官的，大概是天赋和努力。

集训接近尾声时，有一场最后的验收。

“这个孩子是进步最大的，一个月时间，她都能超越成这个样子。”

我听到老师在对负责招生的团长说话，说话的时候，他们看着我。

为了这份进步，是不是可以给我一个机会呢？答案还要等上一段时间才知道。

集训结束，我回去等通知。已经尽了全力，没有留下遗憾，原以为自己一定可以平静地等待消息，结果那几天过得很不安稳，心口像被什么压住一样，总有一种无缘由的慌乱。

“不至于吧？”我嘲笑自己。这场选拔固然重要，但总不至于这么心惊肉跳。又一个心神不宁的晚上，我瞪着天花板整理思绪。心间挥之不去不祥的预感，似乎在极力预示着什么。

身边的每个人都成为了我担心的对象。几天前妈妈说爸爸出差了，我就不停提醒妈妈给爸爸打电话问个平安。

“打过了，一切都好。”她每次都这样说。

那时大姐刚刚结婚，已经搬出去住，某天中午我回家拿东西，看到大姐回来了，正在和妈妈说话，她的两只手紧紧绞在一起。

“姐，怎么回来了？”

“没事，她就回来看看。”妈妈抢着回答。

我偷眼看看妈妈，她紧紧攥住衣角的手仿佛在无声地告诉我：你猜得没错，出事了。

我的心怦怦跳着，眼皮也不住地颤动，还有什么能比家人的隐瞒更让人心慌吗？我把手里的东西放下，下最后通牒似的正对着她们坐下。

“妈，姐姐，到底怎么了？要是你们不说实话，下午我就不去上课了，一直等到你们告诉我为止。”

“是爸爸。”僵持中，大姐首先开口，“爸爸住院了。”

“不是出差了吗？”

“你还在参加选拔的时候，爸爸就住院了，怕你担心，才没告诉你。”

“什么病？严重吗？”

“不严重……”妈妈抢先说道，却被姐姐打断。

“已经接到第二张病危通知书了。”

“病危通知书”这五个字把我瞬间击沉。我一直以为这张可怕的单子只能在小说和电视剧里看见，没想到它竟然会以这样残酷的方式和我面对面。

“怎么会……”我的眼泪开始滚烫地向外涌，完全不受控制。

“爸爸得的是败血症，最开始没检查出来，可能就是因为这样，耽误了治疗。”

我心里又气又急，这么严重的病，怎么说误诊就误诊？

“我马上去医院。”我擦了擦眼泪就准备出发。

妈妈却站起身拦住了我。

“是你爸不让我告诉你的，你知道他的脾气，你现在过去，万一他怪我没有好好保密，一生气，会加重病情的。”

“可是选拔已经结束了……”我望向大姐，希望得到支持。

大姐却也轻轻地摇了摇头：“等爸同意了，你再过去。”

我终于明白了这些天笼罩在头顶的不祥从何而来。拨开迷雾，却陷入更深一重的无奈之中。我恨不能插翅飞到病床前，却只能做心乱如麻的困兽。

一天后的深夜，妈妈红着两只眼睛从医院回来，对我说：“你爸说想你了。明早去看看他吧。”

爸爸想我了，我也想爸爸。

第二天，我早早起床，早早到了医院，穿过弥漫着消毒水味道的长长的走廊，远远地已经可以看到病房的门牌号，我却放慢了脚步。

我有点不敢推开那扇门，怕看到的爸爸已经憔悴成我认不出来的样子。

可情况似乎没有我想象得那么糟糕。

爸爸气色不错，说话也很有精神，如果不是挂在床头的信息卡片上还写着触目惊心的“败血症”，我完全看不出他的身上已经压着两张病危通知书。

他躺在病床上和我说了几句话，就一直催我回去，我也想让他好好休息，没过多久就离开了。临走之前我特地去找医生，问爸爸的情况怎么样，医生说病情比较稳定，我暗暗松了一口气。

事情似乎就此峰回路转，我也踏上了新的征程——等待“兰战”录取结果期间，我报名参加西安市中学生青少年模特大赛，并被大赛组委会选为主持人。身兼参赛选手和主持人两项职务，等待我的是比集训时更为忙碌的生活。

很快，我接到了兰州军区战斗歌舞团的录取通知书。

我成功了，我考上“兰战”了！

从最初报名到尘埃落定的现在，已经过去了几个月的时间。漫长的悬念终于揭晓，我迫不及待地把这个喜讯告诉妈妈和两位姐姐。

然而我怎么也想不到，和录取通知书一同送到的，是爸爸的最后一张病危通知书。

模特大赛进行到最紧张的阶段，我跟着摄制组忙得不可开交，连续四五天都没有回家，更不必说去医院探望爸爸。一天中午，我正捧着午饭餐盒打瞌睡，忽然听到一个熟悉的声音在叫我的名字。我一抬头，是小姨。她脸色很差，正一脸焦急地向我招手。

我的心狠狠颤动了一下，饿的感觉消失了，困的感觉也消失了，只有一份不安越来越清晰，越来越摄人心魄。

“快去医院看看你爸爸，你爸爸不行了。”小姨艰难地说出这句话，声音颤抖不停。

不行了……什么叫“不行了”？不是前两天还好好的吗，医生明明还告诉我病情稳定的，怎么忽然就……我的脑袋里嗡嗡作响，想要拔腿就向外跑，可是整个人都被突如其来的震惊钉在原地，完全挪不动步子。

稍微回过神来的时候，小姨已经走出了好几步远，正回过头催我：“快走啊！”

我好像终于明白了：现在，是要赶去见爸爸最后一面。

小姨拼命蹬着自行车，我在后座上颠簸，心跳的频率比车子颠簸得还快。从前小姨骑车载我，我总埋怨她骑车太快，怕不安全，可是此时此刻，我只觉得她骑得太慢了，车轮转得太慢了。时间一分一秒过去，滴滴答答都是爸爸生命流逝的声音。不祥的预感叩击着我们的心弦，一路上，小姨在前面哭，我在后面哭，泪水被风在脸上吹出两道咸咸的痕迹，说不出的悲哀和刺痛。

医院门前，我们先后跳下车，小姨没有扶住车把，车子歪在一旁，发出沉重的闷响。我向病房狂奔过去，可是头脑里隐约有个冷酷的声音告诉我，就算我跑出光速，也追不上死神的步伐。

二姐已经在走廊上等着我了，她扶住气喘吁吁、汗水和泪水乱作一片的我，低声说："爸爸已经走了。"

我的整个大脑一片空白，视线迅速模糊，全身不由自主地发抖，也顾不上去安慰妈妈，只知道抱住二姐大哭起来。

我没能见到爸爸最后一面，赶到的时候，他的身体已经被一块白布完全覆盖。隔着生与死的距离，他再也看不见我的泪水，再也听不到我的呼唤。

唯一让我有所安慰的是，就在离去之前，他已经知道我考进了"兰战"，当了兵，接了他的班。

父亲去世三天后就是部队出发的日子，我来不及好好悼念一下父亲，就必须匆匆踏上行程。那三天，我把自己关在家里，脑海里就像放电影一样上映起关于父亲的一切。

回忆里的父亲仍然是那个高大帅气、注重整洁、待人接物一丝不苟的样子。他没有变过，头发一直梳得平平整整，军裤熨烫得笔直，皮鞋擦得光亮。他在军队里做采购员，很早就会开车。他开着电动车、汽车四处采购，每周回家一次。从我记事开始，就一直盼望能在门口抬起头，看到他高大的身影。

他烟酒不沾，只说是不喜欢。但现在想来，大概不只这么简单。香烟酒水毕竟是一项不菲的花销，而节省下来的钱，他大多用来给我们三姐妹买了礼物。

他曾经从上海给我们带回整整一盒泡泡糖，小姐妹三人在床上把盒子倒空，逐个去数，一共一百个，像是过节一样。

那次他还给我带回一双黑色的小皮鞋，把鞋擦得特别亮，我高兴极了，穿上之后就跑出去跳皮筋，玩到很晚才回家，还挨了妈妈的骂。

当时我眼里看到的都是皮鞋上泛起的光和小伙伴们羡慕的眼神，后来逐渐长大懂事，才看到了那风光背后的隐情——在那个全民穿布鞋的年代里，父亲收入并不高，一双昂贵的皮鞋必定是要长期省吃俭用才能换来。他就是这样，攒下出差的补助、分发的粮票，甚至自己的饭钱，只为给孩子们准备惊喜。

后来，他调回西安军工厂，在夏天的时候，军工厂会做冰棍，他就买满一箱，塞上毛巾被，在午休的时候顶着烈日从郊区送回家里。在当时，那是一件多么奢侈的事情。

我家有一张小躺椅，有一次父亲回家，我撒娇让他帮我把躺椅调低一点，结果我的手放在椅腿的关节上，父亲把椅子向下一按，就夹伤了我的手。抽出手来的时候，夹到的地方已经变紫了。从那之后，有好几天他都向部队请假，一直在家里守着我养伤。

1976年唐山大地震那天，姐姐们带着我去看电影，地面摇动起来的时候，大姐背着我，二姐拎着三只小板凳就往家里跑，我的脚上穿了一双小拖鞋，在颠簸之中跑掉了一只。回到家里，幸而一切平安。妈妈说今天晚上不能在家里住了，我们要抱起铺盖，住到学校操场的乒乓球案子上。但父亲坚决不肯住到外面。地震后一片混乱，他作为一家之主，要守住这个家。

我们和母亲在学校住了一夜，等余震过去后回到家里，父亲开口就问：

“小梅，你的拖鞋怎么少了一只？”

姐姐告诉他，鞋是在放电影的地方丢掉的，父亲立刻就出了门，回来时手里正拎着我的小拖鞋，已经擦得干干净净。

在我的印象里，他一直都那么挺拔，仿佛什么力量都不能使他倒下。可他终于还是倒下了。我还小，但他不能再保护我；等我长大，也再没机会去照顾他。

出发在即，我不能一直沉湎在悲痛之中。临行前夜，我收拾行李，妈妈静静坐着看我收拾，昏黄灯光下，她的白发格外刺眼。她是从什么时候开始老去的呢？就在一片沉默里，忽然有一个警钟一样的声音响在我心上：我该长大了。以后不能再这样，什么都由妈妈一个人来扛。

戴着黑纱，我坐上了开往兰州的火车，当时距离父亲遗体火化还有两天，但我不能再等。这件事是我心头永远的愧疚，我的脑海里总浮现出这样的画面：父亲就要独自步入孤单的旅程，他回过头，想最后看看他挂念的亲人，可是人群之中，怎么找也找不见自己的小女儿，他等了又等，就是不见我来，只好带着遗憾，走向了不能回头的彼岸。

踮起脚尖，学习臣服

这样的日子不自由，有点残酷，但真的很难忘。

我找不到一个精准的关键词来总结初到“兰战”的日子。那段日子包含的信息量太庞大，恐怕任何词汇都承担不起。

这样的日子很陌生，我却适应了这一份落差。

我不曾向任何人诉苦，但臂上的黑纱就已经说明了一切。团里的老兵都觉得我很可怜，会特地找时间陪我聊天、排遣情绪，但孤独是无论如何也无从抹去的。

这是我第一次离开家。在部队宿舍醒来的第一个早晨，我习惯性地以为睁开眼还能看到家里床头柜上粉红色的小闹钟，然而在起床号中迎接我的却只有上铺散发着潮气的硬床板。

有一天晚上，我梦见父亲，他欣慰地摸着我的头说：“小梅，你当了兵，爸爸很高兴，你看这是给你的奖励，你小时候最喜欢的那种黑皮鞋……”

我笑着从梦中醒来，静夜里我的军装笔挺地挂在衣架上，臂上缠着一圈黑纱。

我曾经让全场工作人员为我落泪。

报到之后，全景式歌舞《红霞里有个我》的排练紧锣密鼓地进行起来，我们这一批为此被特招入伍的女兵也在紧张的排练之中翻开了军旅生涯的第一页。

《红霞里有个我》的剧本里设计了一处画外音，需要有一个小孩子的声音对去支援前线的妈妈说一段话，我的声音比较偏童声，负责排演的老师就递过来话筒让我试台词。

“妈妈，我是多么想念您……”我读着台词，心里挂念着远在西安的妈妈。

现在妈妈在家里做什么呢？她想我了怎么办？想爸爸了怎么办？大姐出嫁，父亲逝世，我去参军，原本热热闹闹的五口之家转眼间就只剩下她和二姐，太冷清了。

积压在心底的想念在朗诵的过程中喷薄而出，不知不觉已经读完，眼泪在眼眶里转圈，全场鸦雀无声。团长左青当时就对乐队的指挥说：“这个女孩叫谭梅，不仅跳得好，朗诵也真是不错。”

我哪里是在表演，那声音，字字句句，全都来自我的心底。

左青团长不仅是我舞蹈和朗诵方面的伯乐，也是我表演道路上的启蒙者——1993年，在音乐剧《阿来巴郎》中，又是经左青团长推荐，我扮演了童年男主角“小巴郎”，这次参演使我与表演结缘，也让我深深爱上了表演。

这样的日子不轻松，我却爱上了这一份疼痛。

美丽背后总是隐藏着疼痛，就像芭蕾舞者在足尖上起舞。

芭蕾舞者不是想踮起脚尖，就能踮起脚尖的。在观众看来，芭蕾舞演员穿上粉红色的舞鞋，跳跃、旋转，优美而轻盈。事实上，舞者需要经过漫长而严格的基础训练，才有资格学习如何踮起脚尖。

芭蕾是所有舞蹈的基础，而芭蕾舞者的根基则是在台上站稳。学习之初，手扶把杆，用主力腿撑起身体的重心；循序渐进，慢慢放开把杆，增加动作难度；直到最后，才可以在舞台上自如地旋转。从手扶把杆到踮起脚尖，舞者身体所依赖的支撑越来越少，到最后只需要足尖一点的支持，就可以翩翩起舞。从起步到成熟，素养越来越高，凭借的外力越来越少，人也就越来越自由。

舞蹈让人越来越自由，这份自由的代价是接受舞鞋的束缚。

芭蕾舞鞋不是普通的舞鞋，鞋尖处藏有一只“鞋盒”。“鞋盒”实际上是一个硬套，套住脚趾和一部分脚面。为了能穿上这双鞋，舞者每天都要压脚背，而压的方式就是把脚硬塞进一个木制的辅助训练器具里，残酷程度不亚于封建社会备受唾弃的裹足习俗。

直到参军入伍成为文艺兵，我都没有接受过真正专业化的训练，一直穿着软底鞋，没穿过足尖鞋，更没有踮起过脚尖。

舞者之路是一条深邃的道路，舞蹈天赋让我在这段路的开端，也是本应异常艰辛的那一段走得很轻松，但拜天赋所赐而省略掉的努力，在后来一个个为时不晚的日子里，又先后以各种形式在我身上补齐。

来到“兰战”之后，生平第一次，舞蹈让我陷入前所未有的危机。

从前，提起舞蹈，我心里满满的都是自信，因为与许多同龄人相比身有一技之长，也会有点沾沾自喜。但进入到专业的团队，一夜之间，我从最好的变成了最差的一个。

训练第一天，站到教室里，老师就明确地对我们说：“到了这里，并不是进了保险箱。如果表现不好，军区大门一直开着，跟不上的人，卷起铺盖，回老家去！”

我觉得这句话完全就是说给我听的。

早在选拔考试的时候，我就已经把薄弱的基本功完全暴露在老师眼前；

协商录取结果时，我的名字直到最后关头才被补写到录取名单上；身边的战友们都有一定的专业基础，训练时，她们的轻车熟路更反衬出我的狼狈不堪。

事关淘汰的惶恐令我难以安眠。睡不着的时候，听着虫鸣和宿舍女孩子们轻微的鼾声，脑子里就不免胡思乱想。有时在训练的间隙，还会做起白日噩梦，幻想着老师冷酷地站到我面前："谭梅，你表现太差，被淘汰了，回家去吧！"

回家了，出路在哪里呢？回西安艺术师范职业学校，应该快毕业考试了，我连学业都完成不了，怎么向妈妈交代，怎么向过世的父亲交代？我家里还挂着"革命军属"的牌子呢……

我喜欢跳舞，我要跳下去，我必须思考对策。

我每天不到六点一定起床，轻手轻脚叠好被子就去练功；每天晚上，别人都去睡了，我还要自己再练一个小时。晨曦中，月华里，练功房被我所独占。

每天的训练在练功房里完成。出完早操，上午集训课，下午软功课，中间穿插着节目排练。前桥、后桥每天各翻一百个，前踢腿、后踢腿、片腿，每天各踢一千下。

训练结束后，那些小我四五岁的姑娘叽叽喳喳跑出去自由活动，一下子安静下来的练功房变得格外宽敞。西下斜阳照进半掩的窗，满堂通红像是家里阳台黄昏时分温馨的模样，可惜我早已没有了在家时那份惬意的心情。不知多少次，我迎着殷红的晚霞闭上眼，静静回味过去一天里所有力不从心的时刻，睁开眼时强光涌进眼里，使我流出泪来。

然后我对自己说："哭也哭过了，该坚强起来了。"

在被落日镀金的练功房里，我开始给自己补课。坐到冰凉的地板上，把双腿之间的角度开到极限，然后战栗着把上身向地板贴近，像是虔诚的信徒在向命运俯首。身体每低下一度，我都跌进更深一重撕裂般的疼，但我却在这疼痛里找到了安全感：只要感到痛，就是在进步，只要不停进步，就不会被淘汰。

我在草长莺飞的暖春耗腿，我在电闪雷鸣的盛夏下腰，我在天高云淡的深秋把 20 斤的铁砣顶在膝盖，我在漫天飞雪的严冬跪坐，用整个身体的重量把脚面压平。多年前通过舞蹈与身体建立起的“觉察”使我能在磨炼中与身体保持沟通，她会感到痛，也会产生些灰心的念头，但我会给她讲凤凰涅槃和雄鹰重生的故事，让她理解，必须突破极限才能获得自由。

天道酬勤。我的动作一天比一天标准，连老师们都为我的刻苦而动容，后来，业务并不算最好的我反而被任命为班长，淘汰危机也就此化解。

在来到“兰战”之前，我爱舞蹈是因为它的美，但到了这里之后，我也渐渐爱上了它残酷的一面。这条路实在是太艰辛了，耗腿时要保持同一个姿势长达几个小时；劈叉我下不去，老师一脚就把腿踩下去了；从前我看别人贴着墙练横叉都觉得好难，到了我自己练的时候，却是被直接塞进墙角里去的。

有一项训练叫作甩腰，自己甩完，老师还要扳腰。老师下手从不留情，每到扳腰的时候，练功房里总是哀鸿遍野。

某天，老师站在那里：“扳腰，谁先来？”

大家都不做声，在沉默里死守着最后的侥幸。

我是班长，班长要起带头作用——我不下地狱，谁下地狱？我举起了手，老师点点头，来到我面前，她用膝盖顶着我的膝盖，然后就向下扣肩。

伴着疼痛，我听到腰间传来清晰的脆响，响完了，腰动不了了。

老师把我拉起来，捶捶腰，看我龇牙咧嘴的样子，说：“你休息一下吧。”

我休息了一会儿，自我感觉没什么事了，就归队去翻当天的一百个前桥，没想到刚翻半个，整个人就完全直不起身子来了。

我的腰受伤了，在部队医院做了整整一个月的理疗，此后腰部再也不能承担超负荷的运动，直到多年以后，每逢阴雨天还是会隐隐作痛。

杨丽萍曾说：“做自己认为有意义的事情，既有益于自己，也有益于别人，这样生命才会丰满、协调、圆润。”练舞过程中种种激烈的打磨确实使我的生命变得越来越圆润。

舞蹈演员在台下承受着常人难以承受的痛，又在台上演绎着常人难以演绎的美，美与痛之间的拉扯，为舞者的生命赋予了巨大的张力。心无旁骛地起舞，就像平静地接受生命中的起落和悲喜，无论是隐忍还是绽放，都能宠辱不惊。

在“兰战”，我向美臣服，也向痛臣服，蜕变就是这样在不经意间完成。终于有一天，我为人生中第一双芭蕾舞鞋缝好缎带，脱下软底鞋，轻盈地踮起了脚尖。

终于有一天，我为人生中第一双芭蕾舞鞋缝好缎带，脱下软底鞋，轻盈地踮起了脚尖。

17岁当兵第一次回家。

18岁我的照片被西安的报纸登载。

群舞之伍

1987年一个月黑风高的夜，一群女兵在黑暗之中登上了一辆大卡车。她们手里提着冰冷的铁桶，被丢在桶里的硬邦邦的干粮被一点一点冻结在桶底。

我就走在这支队伍的末尾，低着头急急地赶路。

卡车启动的同时，天空中飘下了第一瓣雪，我心里忽然升起一丝不祥的预感。但是这份不安很快就被淹没在女孩们轻快的说笑声中。

一路上被冻得瑟瑟发抖的身体在车厢里渐渐暖和起来，看着身边熟悉的战友，我放下了警惕。似乎，一切正常。而刚刚那没来由的战栗，大概只是我莫名其妙的错觉。

天冷路滑，车子在漫天飞扬的大雪中艰难前行。夜越来越深了，我在颠簸中沉沉欲睡。

忽然，像是要应验些什么，车身剧烈地晃动了一下，几乎要把我甩到地上。

几个年纪小一些的姑娘禁不住发出尖叫，气氛瞬间紧张起来。外面很暗，透过车窗也看不到什么，恐惧在未知里迅速发酵。

“没事，大家不要慌。”政委先稳住局面，然后下车去查看情况。

很快就听到他在外面大声喊着：“大家都不要动，千万不要动！”

声音由远及近，进到车厢里之后，他的脸色苍白："所有男生，以最快的速度下车，快！马上！"

随着男生的离开，整个车厢像跷跷板一样笨重地晃动起来，我们这些留在车厢里的女生的心也就随着七上八下，各种可怕的念头像闪电一样惊现在脑海。

实际情况的可怕程度轻松地突破了我们想象力的极限。

在驶过一座桥时，我们的车子车轮打滑，冲出了车道，所幸冲到一半就卡住了，现在，半个车身正高高悬在半空中。更加糟糕的是，车体下方正对着变电器和高压线。

男生们迅速撤到外面拉住车尾，努力让车身保持平衡，政委对我们喊话："现在女生一个一个跳下来！"而知道自己处境的我们早就已经吓得一动都不敢动，车厢里的哭声越来越响。

政委急了："再不跳，男兵快拉不住了，过一会儿，车就要栽下去了！"

在死亡的威胁下，我们一边哭一边拖着发软的双腿陆续跳下了车，随着车厢里人员的减少，车子前倾得越来越厉害，轮到我的时候，车尾已经翘起好高。我闭上眼，一咬牙跳了下去，落地的一瞬间，明明已经脱离了险境，此前一直抑制着的眼泪却开始肆虐，寒风刺骨，咸咸的泪水和冰凌一样的雪粒一起被冻结在脸上。

我鬼使神差般走到那座桥前，探出半个身子向下看，扑面而来的是一阵窒息和眩晕。如果没能跳出来，随着车子大头一沉坠下去会怎样？车会把电线扯断，电会闪着火花爬遍车身，我会触电，可能会被电死——如果只是被电到半死，几秒之后还要再被摔死一次。

我与死亡，只有一线之隔。

这段险情发生在去甘肃武威下部队演出的路上。交通工具报废，但演出不能耽搁，我们即刻开拔，赶去最近的火车站。扛着器材，拎着铁桶，踩着越积越厚的雪，脸上还挂着两道泪痕。

登上去往武威的火车时，已经是半夜，我们一群十几岁的孩子几乎冻成了小雪人，眉毛上、头发上都结了亮晶晶的小冰凌。

由于是临时上车，没有座位，我们只能挤在餐车里。有几个年纪小一些的女孩从跳车开始就一路抽噎到现在，怎么安慰都没用。我只好给她们讲童话故事，讲完一个再讲一个，寒意始终也褪不去。讲到《卖火柴的小女孩》时，连我自己的鼻子都有些发酸，我从未与那位可怜的丹麦小女孩产生过如此强烈的共鸣。

后半夜，气温越来越低，冷汗和冰雪在身上融化了又凝结，黏黏地冻成一片，女孩子们三三两两抱在一起取暖，彼此搓着已经被冻得麻木了的小腿。我腰伤落下的病根终于等来了发作的机会，它的抽痛让又冷又倦的我难受得无法入睡。

“再等一下就到了，马上就到了。”政委不停安慰着我们，可是没有人提得起精神。

火车载着疲惫的我们从暗夜驶进了黎明，天色破晓，我们这支不到四十人的命途多舛的小团队终于看到了曙光尽头武威营地。

没有休整的时间，我们饿着肚子就跑去装台，装完台彩排，彩排完化妆，一半人化妆的时候另一半人才有时间赶快抓紧时间扒一口饭。

大幕拉开，鼓点响了，我们要先跑去把带颜色的片子插到灯架上，然后赶快到舞台上亮相。一个节目结束，没有喘息的时间，要立刻猫着腰跑去换另一个颜色的灯片，刚换完，音乐响起，又该上场了……

我还负责管理队上所有演出用的鞋，战友们演完出把鞋都给我，我一双一双数好，码好，整齐地摆进专用的箱子里去，直到“吧嗒”一声扣上盖子，才终于有空闲擦一擦汗，长吁一口气。

24个小时，过得像做梦一样。

文艺兵下部队，从来都不缺艰苦的经历。有一次，我们到新疆的红旗拉甫去演出，海拔四千米，气温零下二十度，战士们都穿着皮袄，我们的演出服却是纱裙。演出过程中最强烈的感觉除了冷，还有缺氧。跳着舞，随时都感到有一口气憋在喉咙里提不上来，脸上的笑容都是灰白的。

因为条件恶劣，去表演的小分队里只有三个女孩子，当时我们睡在战士的房子里，他们就彻夜不眠在外边给我们站岗。

我对那里的记忆只有一个字：苦。床上的枕头都是用干草填芯，床单被罩一年都未必清洗一次——因为缺水，人自已都洗不干净，哪里还顾得上被子？

红旗拉甫是新疆唯一的一个对第三国开放的公路口岸，是中国西部通往中东、南亚次大陆乃至欧洲的重要门户。戍边的战士们身处干旱酷寒的塔什库尔干塔吉克自治县，极端恶劣的生存条件把战士们高高地孤立了在帕米尔高原上，除了和送信、送补给品的人寒暄几句，他们长年都接触不到外面的世界。

战士们知道文工团的女孩子们要过来演出，提前好几天就开始准备，他们把攒下来的罐头都拿给我们——除了罐头，他们也没什么东西可送了。

来送罐头的战士面容黢黑如铁，两颊上各有一团深深的红，他的皮肤皴裂，质朴一笑，竟然有点狰狞。

“您多大了？”聊了几句之后，有个姑娘问他。

他的眼神闪烁，表情变得复杂，带着苦笑，他说出了让我们倒吸一口凉气的答案。

“18 岁。”

我当时心头一酸。他看上去最少也有 30 多岁了。

身为文艺兵，我的确有着许多艰苦的经历，但我的艰苦仅限于下部队短短几天的时间。当我们完成任务，回到舒适的兰州军区大院时，边防战士却依旧在祖国最需要的地方贡献着青春，在一个可以做“小鲜肉”的年纪，日日夜夜与数千岁高龄的祖国疆土为伴。

舞台上下，他们是观众，给我们掌声，但或许他们不知道，我们在心里，其实一直在为他们鼓掌。

舞蹈成了我的关键词。

D A N C E

谭校长说

无关年龄，想跳就跳

很多人问我：“跳舞不是应该从小打基础吗？我年龄都这么大了，还能跳吗？”

答案是：当然可以，在舞蹈的辞典里没有“来不及”。年龄从来都不是戴在舞者头上的一副枷锁，如果我们在任何年龄段都可以运动，可以健身，可以聚会和旅行，那么我们在任何年龄段也都可以跳舞。

人的舞蹈从生命最初的律动开始。怀孕期间，在胎教方面，我尤其注重听音乐，以曼妙的旋律构筑起母亲与孩子沟通的桥梁。每晚八点到九点之间，我会静心凝神，躺在床上，播放音乐，而每逢那时，真的就可以感觉到儿子小毛头在肚子里有了动作，甚至可以想象到他的小手小脚如何在音乐的触发下有力地舞动。

毛头出生后，他刚开始学说话，只能发出几个简单的音节，却已经能在我们播放音乐时用他自创的动作摇摆身躯，舞动四肢，脸上带着满足和喜悦的笑容：是艺术唤醒孩子生命最初的快乐，而这一份快乐，他也遵从生命的本能，通过舞蹈表现出来。这样的舞蹈固然不专业，但却令人感慨，甚至感动。

一般来说，孩子从三四岁起就可以开始接受专业的舞蹈培训。零基础的孩子是一块无瑕的画布，画布上落下的第一笔的重要性不言而喻。进入专业的培训机构接受专业的指导，可以在最大程度上帮助孩子从起跑的第一步就避免走上弯路。

“零基础”同样是八八空间为成人学员设定的门槛——我们的门槛就是没有门槛，招收学员的年龄范围就是全年龄。

错过了舞蹈启蒙黄金时期的成人学员，在练习中的确会受到一些身体条件上的限制，这是必须承认的客观现实，但这并不意味着成人学员就不能在专业团队的科学指导下成为一位会跳舞的人，就不能通过系统的训练得到艺术陶冶、提升气质、获得快乐。

不是非要穿上足尖鞋、完成高难度的动作才叫“学跳舞”。从3岁到70岁，无论男女老少、老中青幼，处于每个年龄层次的每个群体都有各自适合学习的舞蹈。

平日十几个小时离不开办公桌的白领，利用节假日学习一支充满原生态魅力的民族舞、一段优雅迷人的古典舞，或是一节纵情摇摆、激情律动的拉丁恰恰，就可以轻松在公司年会上闪耀全场；整日忙于打理琐碎家务的主妇，坐进八八空间的瑜伽教室，在课堂里调节身心、舒展精神，便可一扫疲态，焕发出不输社交达人的灵性和活力。

八八空间是一个全年龄向度的艺术乐园，有刚满3岁的明日之星在这里冉冉升起，也有年逾花甲的艺术爱好者在这里重返青春。不仅有在这里学习舞蹈、音乐、表演的孩子带动家长一起走入艺术大门，还有奶奶、姥姥先参加了我们的成人合唱团，觉得获益匪浅，然后才推荐外孙、孙女来报名上课。

爱美之心人皆有，无数事例证明，对于美好事物的追求和对艺术的向往非但不会因年龄增长而被冲淡，反而会日久弥坚。八八空间充分考虑到每个年龄段人群的不同需求，在课程设置上年龄跨度很大，务求能为每一位叩响八八空间大门的艺术爱好者提供最专业的指导，帮助求艺者锻炼与年龄相称的艺术技能、提升个人魅力、沐浴艺术光华。

最近，有一段“超流畅 11 岁女孩现代舞”的视频在舞蹈圈热传。大家都说，11 岁女孩娴熟的舞技证明舞蹈真的与年龄无关，而我想说：学习舞蹈，不怕早，更不怕晚。儿时错过了，只是一阵子；成年再错过，就是一辈子。

如果感兴趣，如果想学习，就请不要再让事关年龄的成见捆住了手脚、限制了天地。起舞，无关年龄，想跳就跳，只要勇敢迈出第一步，就能在舞蹈的空间里发掘出意想不到的精彩与惊喜。

第二章 | 人生时时需独舞

LEAD DANCER

挑战一支逃不开的独舞，独占曾不属于我的舞台。

你凭什么嫁给朱军?

周四晚上九点半，我一路小跑上了楼。进到客厅，打开电视，《艺术人生》的片花才播了个开头。观众席上掌声响起，朱军出场了。我一边换好睡衣，一边习惯性隔着屏幕检查他的仪表和着装，哪怕发现一点儿不对，我都会提笔记录下来，以提醒自己及时告知化妆师。

这是多年养成的习惯了。

我是《艺术人生》最忠实的观众和最资深的粉丝，从第一期开始，就一路热切关注至今。在这如小水常流而足以穿石的关注之中，一路流淌着无尽的记忆和丰富的况味。这条清流的源头是收看第一期节目的情形。

《艺术人生》首播那晚，我正在庐山拍戏，还记得请来的嘉宾是台湾歌手童安格。不同于热闹纷繁的综艺节目，两个大男人只是在一方平静的舞台上倾情对话。在屏幕上看到了老公熟悉的笑脸，只不过笑容背后多了男人更深厚的沉淀。

正是从这个首播当晚，我没有错过第一期《艺术人生》，此后也从未遗漏过任何一期。无论身在何处，我都要克服一切困难，创造条件坐到屏幕前，从开场音乐播放直到结束乐曲奏响，忠实地陪伴朱军、陪伴《艺术人生》，以观众的角色聆听他与嘉宾的真诚对话，更以妻子和形象设计师的视角关注着他从外在到内在的诸多细节。

今天也不例外。

我从形象设计师的角度，检查他的仪表：头发梳得——整齐，衣领——平整，领带——我往沙发上坐下去，电视屏幕的光忽然异常刺眼，我下意识闭紧了双眼用手去抵挡那强光的侵袭，两侧太阳穴传来一阵眩晕，双耳嗡鸣了几秒之后，四下归于寂静，这寂静里似乎藏着说不出的期待，好像整个静默的世界都在和我一起等待，看看接下来将要发生什么。

我试探性地放下手臂，睁开双眼，看了一眼周围，立刻又恨不能再把眼睛紧闭、用手把脸遮个严实。可惜身体诚实地反映着受惊过度之后的本能，我的双眼惊诧地瞪圆，两手僵在半空忘了动弹。

这时，对面男人一声响亮的呼吁把我从冻结般的个人宇宙大暂停之中打回了地球时间："请现场的观众朋友们再次以热烈的掌声欢迎今晚的嘉宾——谭梅女士！"

这个西装革履的男人春风满面，手中的话筒银光闪闪，他带头鼓起掌来，脖子上那条领带还是今早出门前我帮他打的。

隔着一个镜头，再隔着一层屏幕，的确不如面对着面看得清楚真切。这样检查就方便多了。他头发梳得整齐，衣领平整，领带打得不错，西服笔挺，皮鞋光亮，嗯，很好，即便是被他戏称为"挑刺大王"的我也找不出什么毛病……此时此刻我遭遇的是非常情况，比起帮他检查仪表着装，更重要的是审视一下自己的处境。

情况已经很明朗了。我在自家客厅电视机前，一坐竟坐进了电视屏幕里，坐到了《艺术人生》的演播现场，还"恰巧"成为了本期嘉宾。

观众的掌声像潮水一样起了又落，暖场完毕，主持人朱军气定神闲地举起了话筒。

我心里顿时升起了一点小好奇。从初遇，到如今，风风雨雨二十多年，我们说过的话恐怕比吃过的饭还多，但粗茶淡饭山珍海味都尝遍，唯独没试过这种交流模式：他是主持人，我是嘉宾。第一个问题，他会问我什么呢？

“请问你觉得自己凭什么嫁给朱军？”

开门见山，连预热的时间都省掉了。问题如此直切要害，我也就不敢不组织一个精彩的答案。身穿睡衣曝光于聚光灯下的窘迫顿时远远退到了九霄云外，一瞬间我仿佛回到了学生时代语文考试的考场上，面对考卷上令人眼前一亮的作文题目，正苦苦构思一个能让评卷人拍案叫绝的开头。

见我沉吟良久，他把问题又重复了一遍。面对他和全场观众殷切的目光，我斟酌着给出了自己的回答：“认识那年，他 24 岁，我 18 岁。结婚的时候，他 28 岁，我 22 岁。我们是一起长大的。”

他若有所思地点了点头：“还记得初次见面的情景吗，能不能给我们回忆回忆？”

我当然记得。

当时我的腰伤刚刚恢复，生活和训练都回归正轨。闲聊时，班里的姐妹开始频繁地提到一个人。

“知道吗，团里要新调过来一个小伙子。”

“听说就是团里的元老，朱爸家的儿子，说相声的。”

“说相声的？那就不会调到咱们歌舞团了吧。”

“那可不一定，听说他歌也唱得不错，多才多艺的，前几天咱们团的某某去艺术馆跳舞，还遇见他了……”

歌舞团不大，一个消息在这里转上几个圈后就尽人皆知，我便是在这些七拼八凑的闲谈之中记下了“朱军”这个名字。虽说也是只闻其名不见其人，但总听一个人的名字听得多了，不知不觉就觉得自己是认识他的；听一个人的事听得多了，也会觉得自己和他似乎已经很熟悉了。更不必说“朱爸”“朱妈”早就是团里熟悉的名号，这使得我对这位未曾谋面的“朱军”平添了一份亲近感。

一睹真容的日子是不久后的某天中午。下了早课，我和几个姐妹结伴走在去食堂打饭的路上。我低着头，边走边用芭蕾小踢腿的腿法踢着脚下的一粒小石子，没提防身边的姑娘神秘兮兮地拍了拍我的肩：“谭梅，你看那边！”

循着她眼神的方向，我看到一个高大的小伙子，大步流星走路带风，半长的头发在风里还有点小飘逸。

这个人，我是不是在哪里见过？

正在脑子里画着这个问号，那姑娘又在我耳边补充：“那就是朱军。看见他手里那两个热水瓶没有，听说他每天都要给朱妈打热水，风雨无阻。”

我还是觉得曾在哪里见过他，但细想就知道不可能。我自幼在距兰州几百公里之外的西安长大，他又是刚调到这边来，我们的生命线直到此刻才有了第一个交集。

后来，我在一本书上看到心理专家武志红举了宝黛初会的例子来解释恋人之间的缘分。林黛玉初进荣国府，贾宝玉便说：“这个妹妹我见过。”众人笑他的痴语，贾宝玉就又接了一句：“林妹妹的神情，我好像熟悉得很。”这是典型的一见钟情，也是恋爱中人最喜欢说的缘分。

曹雪芹在《红楼梦》中给贾宝玉和林黛玉的一见钟情做出了一个“前世因缘”的解释：贾宝玉的前世是神瑛使者，林黛玉的前世是一株绛珠草，绛珠草蒙神瑛使者的照顾，渐渐有了灵性，欠了神瑛使者的情缘，等两人都降落尘世后，林黛玉就不惜一切代价来还贾宝玉的情。“前世的孽缘”“几辈子修来的福分”……这是我们用来解释“缘分”的常用说法。

对于缘分，心理学也有独特的解释：缘分的确是在过去修下的，但所谓“过去”不是前世，而是我们的童年。缘分，主要是在与父母的关系中修下的。

弗洛伊德认为，一个人的人格在5岁前就已基本塑造成型。不只人格，我们的情感基础也是童年形成的。如果爸爸妈妈给了我们足够的爱与安全感，我们就会在潜意识中将爸爸妈妈当作爱情的原型，并按照这个原型去寻找恋人。

我想，当年远远那一瞥，我可能是从朱军身上恍然看到了父亲的影子，高大、帅气、精明强干。或许我在自己还没有察觉的时候就已经开始在心里描绘终身伴侣的画像，而朱军俨然就是从那画里走出来的人。

这么说来，我的确见过他，在我的想象里。

我坐在演播室大厅里回忆当年的情形，那情形里的男主人公就坐在对面入神地听。说到这里，他接过话：“其实关于初见，朱军也有一份独家记忆，请看大屏幕——”

我侧过身子，身后的大屏幕上出现了一幅色彩明艳的中国画，画面中心是一棵挺拔的槐花树，青翠的叶和乳白的花相得益彰，树下一个穿背带裤的姑娘手执勾槐花用的长竿，正在回眸，她目光的归处是一个手提热水瓶的小伙子，两人正相视而笑。

画作的署名是朱军。

现场钢琴声适时响起，朱军即兴朗诵起席慕蓉的诗：“如何让你遇见我，在我最美丽的时刻……”

伴着琴声，工作人员搬上来一只小桌，桌上摆着一个精致的插花瓶，瓶里插着槐花，仿佛就是我当年曾勾落的几枝。

馥郁的香气扑面而来，我不禁伸手去轻拈，几片花瓣悠悠飘落在衣袖上，我如同身临其境般，思绪飘回到那画上描绘的午后。

这幅画画的是朱军对我最初的印象，在他记忆里，初见时，我正扎着两个小辫子，蹦蹦跳跳地勾槐花。

这幅画我从没见过，他是什么时候画的？

钢琴声渐渐淡出，按照常规节奏，是时候进入下一个话题了。果然，他抛出新的问题："两个人可以说是一见钟情，后来朱军是怎么传达自己心意的？"

这个问题他完全可以自问自答。

第二年团里去新疆下部队汇演，一场演出，几件小事，他把自己的心意展露得一览无余。

那次演出，他被借调到歌舞团里面。从前的"小飘逸"修剪成了干脆利落的短发。大巴车上，我身旁的位置空着，他一上车就向我走过来，毫无悬念地坐到我身边。

"你怎么穿着军装？"

"我借调到你们团了。哦，我叫朱军。"

"我叫谭梅。"

说来有趣，虽说我知道他的名字比见到他真人还早，他注意到我之后也早就有意无意和我身边的姐妹们多有接触，打饭的路和打水的路有一段长长的重叠区，我们常有碰面的机会，但直到肩并肩互通了姓名，似乎才算真的认识了。

路途遥远，走走停停，窗外的景观从干旱的山区演变成更干旱的戈壁，我们在大巴车上颠簸了一个星期。

一路上他总是借故找我聊天，在乌鲁木齐站歇脚小住的时候，他开玩笑说“你帮我洗个衣服吧”；自由活动时间，我想出去逛逛，他便自告奋勇陪我上街。

买东西的时候，我总是先为妈妈和姐姐挑选，新疆集市上的围巾和床单色彩明艳，特别好看，我满心欢喜地在镜子前试戴一条又一条围巾，心里想象的都是妈妈和姐姐戴上后的样子，等到想替自己买点什么，好不容易攒下的钱也所剩无几了。

那次新疆之行，我看中了一套牛仔衣裙。

“多少钱？”我兴致勃勃地问。

店主给出了一个让我望而生畏的价格。

看到我遗憾的眼神，朱军没说话。老板把衣裙挂回展架上，他多看了几眼。

演出时，朱军负责打追光，他手上的灯光一直追着我走，无论我在什么位置。

在新疆的演出圆满结束，回到“兰战”之后，某天午休，我正望着明晃晃的阳光出神，同宿舍的一个姑娘忽然跑过来：“朱军找你。”

我故作镇定地走出去，一颗心早就“扑通扑通”跳开了。他脸上倒是看不出什么波澜，手里提着一个大袋子，见我出来，向前走几步把袋子递过来：“给你的。”

接了袋子，阳光好刺眼啊，我只想赶快回到宿舍去，连“谢谢”都没说，转身就要走。

“你打开看一下呀。”

里面是那套我因为囊中羞涩而忍痛割舍的牛仔衣裙。

演播室里的灯光很亮，但也明亮不过那天中午的阳光。我努力回想当时的心情：“他那么细心，如果说我没受到触动那是假的，但是当时才18岁，还是战士，部队里战士是不允许谈恋爱的，另外毕竟他比我大很多，我真的需要再考虑考虑。我就说，我将来是要回西安的，结果他想都没想：‘那我和你一起回西安。’”

“看来当时朱军已经志在必得了，那你后来有没有琢磨过，可能去新疆那一趟，他留心的不只是你喜欢的那套牛仔衣裙，更是你倾注在家人身上的心思。是你的孝顺和懂事让他一下子就把你划到了‘未来家庭成员’的阵营里。”

我想到一句话：我们爱的都是另一个自己。

“相处时间不长，怕彼此了解不够，又有部队硬性纪律的约束，这一对年轻人面前似乎困难重重。那他们最终是怎样走到一起的呢？”朱军把手一挥，“我们来听一段珍贵的录音。”

居然还有录音。

我屏气凝神伏耳静听，从音响里传来了一个男声。

“朱军这小伙子好啊，重感情，讲义气，业务又好，长得又帅，家里还是万元户……”

现场观众爆发出一阵哄笑。

这个声音我记得，当时的情景我也记得。那时候部队正关心朱军的个人问题，艺术顾问许秀林老师为了撮合我俩，总在我面前有意无意说他的好话。与此同时，妈妈也开始在西安为我物色终身归宿，这让从小到大家教甚严的我心里一动：看来妈妈也是不反对我谈恋爱的。

领导特许，家里又没意见，那不妨相处一下。

“按照许老师这么说，朱军可算得上是一位‘黑’马王子了。”朱军的提问把我从遐想中拉回了现实，“找到这样一位优秀的男朋友，在当时应该是羡煞旁人吧？”

“说实话，恐怕没有。”

“身边的人不太看好朱军？”

“那倒不是，只能说每个人对于幸福都有自己的理解吧。那个时候，歌舞团里不少女孩都到了恋爱的年龄，当时似乎有一种风气，大家纷纷以找到事业有成者做终身依靠为荣。每逢休息日，看见漂亮姑娘们提回的一袋袋时装和化妆品，就想象得出军区大院门前一辆辆神气的私家轿车。”

“即使你是一个非常要强的女孩，也愿意为了真爱，在这种攀比中‘甘拜下风’，旁观她们有意无意地炫耀，也丝毫不为所动。”

“那个时候就是很单纯的，遇见一个人，对我好，心地好，也聪明，就知足了。爱情真的是最简单的事情，虚荣和功利都是爱情不能承受之重。选择伴侣又不是选购基金和股票，可能算计太多，反而赔得血本无归。”

朱军总结：“所以说女人的直觉真可怕，凭直觉一选，就选中了一只‘潜力股’。”

观众自发地鼓起掌来。

“相识相恋之后自然就是谈婚论嫁，还记得婚礼的场景吗？我们现在就通过一段视频，重温当初的喜事。”

在见过朱军的画、听过许秀林老师的录音之后，我对节目组能拿到婚礼录像已经毫不惊讶了。这档节目我已经忠实地追了十五年，今天终于亲身体验到了节目组的神通广大。

大屏幕上，他一身黑色西装，我一袭粉红礼裙，亲朋好友簇拥着我们，喜悦在每个人脸上荡漾。略显模糊的画质提示着这份影像的年代感，欢腾的祝福声中偶尔蹦出几粒杂音。看着屏幕上一个个熟悉的、年轻的面孔，当年的喜庆冲开时间的封印破空而来。

我坐在现场的沙发上，对面坐着朱军，在这样一个神奇的空间里，我们与二十多年前的自己欢聚一堂。

“还记得是在哪里举办的吗？”

“1993 年 3 月 28 日，兰州西北宾馆。”

“据说这是一场非常励志的婚礼，没有花双方家里的一分钱，都是小夫妻拿出自己的积蓄，举行了在当时条件下，能力范围以内的最好的婚礼。”

“是的。当时我们的想法不谋而合，都不希望给家里徒增负担。”

“不是一家人，不进一家门。”他话锋一转，“对了，有一个说法，你们当初是为了分房子才结的婚，这是怎么一回事？”

“是当时部队的政策，有一批房子分给营一级的干部，而我们刚好达到要求。另外，朱军当时也不小了，就抓紧时间结了婚。”

“只要结婚，就能分到房子。因为房子问题被未来岳母拦在门外的男同胞们估计都想要穿越回去吧。”

“也是机缘巧合，即便没有房子，婚一样要结。其实当年，我们比起现在的‘裸婚一族’，也就多了一个房子，50 平方米，甚至有了婚房也没有闲钱拿来好好装修一番，只好自己雇自己做装修工人。”

“一句话总结就是：谁说‘裸婚’不幸福。”他话音刚落，现场又响起掌声，还有几位男士叫了声“好”。

算算时间，我估计他该做总结陈词了。果然，他起身，我也跟着站了起来。

他手握话筒，感情充沛："就这样，谭梅和朱军的生命从此紧密地联结在了一起。节目接近尾声，让我们回到最初的那个问题：'你凭什么嫁给朱军？'今天，我们有幸请来了最有资格公布正确答案的人……"

等等？

最有资格公布答案的人不就是他自己吗？

我正疑惑着，他的话音戛然而止，动作也猛然定格，整个人就像是被按下暂停键的全息投影，不动了。

在这诡异的停延之中，我求救似的向观众席上望去，可满座的人不知什么时候消失得一个不剩，围在场下的工作人员也莫名其妙人间蒸发了。

我想过去拉他的手，看看到底怎么了，可是每走一步，舞台上的光就变暗一点，几步路的工夫，视野所及已经黑透了，我还是没能走到他的身边。

我在黑暗里把手向前探，触摸到的却是虚无。

"梅梅——"他的声音在身后响起，我吓了一跳。这呼唤由远及近，隐约伴随着再熟悉不过的脚步声，可是黑暗把无论多熟悉的事物都变得恐怖了，我紧紧闭上眼，想把浓郁的黑色关在外面。

"梅梅……"

"梅梅，回卧室睡，在沙发上休息不好。"

嗯？我睁开眼，面前是下班回家的老公，电视上《艺术人生》刚刚结束，我就坐在自家客厅的沙发上。

"你那幅画呢？"我开口便问。

"什么画？"

"画我在军区大院勾槐花的那幅。"

“哪有这幅画呀？”他一头雾水。

我自顾自轻笑一下，果然是梦。

许老师的录音、婚礼的录像就已经够匪夷所思了，更离奇的是，从头到尾我竟然一滴眼泪都没流。不合常理的地方太多了。

长舒一口气，从沙发上起身，有什么东西从衣袖里悠悠飘下，落到了脚边的地板上。

我定睛一看，是一瓣槐花。

1993年3月28日，我与朱军举行了在当时条件下，能力范围以内的最好的婚礼，没有花家里一分钱。

未来，我们一起拿青春去赌

《万物生长》的海报贴满大街小巷的时候，我的脑子里倒下了一块多米诺骨牌，产生的效应是接连想起了一部部主打青春牌的电影：《山楂树之恋》《那些年，我们一起追的女孩》《致我们终将逝去的青春》，最后还蹦出了《同桌的你》和《小时代》。

这些电影，没看过，也记得。借“情怀”的东风，“70 后”“80 后”的青春被从记忆之海打捞上来，在电影院的大屏幕上陆续晒干了。

可这些电影里找不到我的青春，虽然我也是出生在 70 年代的人。难道是我的青春比较“非主流”？

“感谢我的妻子用青春赌赢我们的今天。”这是老公的评价。

这一赌，可能是我青春岁月里最惊险也最惊艳的一个动作。

下这个赌注，只用了一句话的时间，代价是此后相当长的一段日子里，我都要承担它带来的风险，并等待一个可能不会有的应验。

躁动从一通电话开始，电话是杨澜打给朱军的。

“现在央视这边有个节目，在物色男主持人的人选，你可以主动联系一下。”

当时已经主持过一届春晚的杨澜之所以会和身在兰州的朱军有所联系，全因为两个月之前在兰州举办的一场晚会。

那场晚会由杨澜和朱军共同主持，演出结束之后，杨澜语气坚定地对他提议："你条件不错，应该出去走走。"

他在高兴之余，有些犹豫："我在兰州过得挺好的，刚刚结婚……"

杨澜真诚地提醒他："如果你现在就能看到五年、十年以后的模样，觉得有意思吗？"

一辈子已经一目了然的感觉是没什么意思，但改变毕竟需要勇气和机遇。那次谈话没能让他下定什么决心，但也在他心里栽下了一棵志在参天的小树苗。

而时隔两个月打来的这通电话，就是机遇。机遇来了，命运之神懒懒地撩起眼皮，等着看我们敢不敢拿出一些勇气来。

朱军放下电话对我说："我想去北京闯闯。"

我说："好。"

他颇感意外："你怎么办？"

"你好了，我就好了。"

我怎么会阻拦他？鼓励还来不及。从前他跟倪萍合作，跟中央电视台的导演合作，那些高手名家都给他打出了一个不俗的分数。他是具备赴京一搏的资质的。

更重要的是，作为妻子，我能读懂他的野心。

当时我在舞蹈队，经常要到外地演出，北京作为首都，是全国文化中心，也是我们汇演的"主战场"。

伴舞的队伍不是大腕，却能在最近的距离和大腕同台。在一场场演出中，我见过彭丽媛、冯巩……每次遇见自己喜欢的明星，我都像小粉丝一样跑去和他们合影。

回到家，我做的第一件事情就是把这一趟收获的签名和照片像宝贝一样珍藏起来，每逢这时候，不用看也知道他又在生闷气，因为去北京汇演的名单里又没有他的名字。

我喜欢男人有事业心，更心疼自家老公的事业心不得施展。有时我甚至想，我宁愿让出名额，自己不去北京，让他去。可惜这毕竟行不通，术业有专攻，总不能让他顶了我的位置去跳舞吧。

他那么向往外面的世界，现在有了机会，自然不能放过。

说来有趣，多年后重提这段经历，不少人都在为二十年前的我担惊受怕："万一朱军到北京飞黄腾达之后抛弃你怎么办？"

怎么会？我老公长得一点儿也不像陈世美。首先肤色就不像。

即便我有担心，那担心也全都放在他身上，担心他吃苦，担心他要在落差感中备受折磨。当时在兰州，他主持的《花好月圆》是王牌栏目，他本人即便不是家喻户晓也算小有名气，至少吃碗拉面还是可以刷脸免单的。可是到了北京，好不容易建立起的一点基业就都要清零重启。

我们商量好，这一去只为梦想，不抱奢望，如果无法立足就回来。毕竟人外有人，天外有天，若是技不如人，那就愿赌服输。

七百年前有个叫高明的小官吏，他写的《琵琶记》被誉为"南戏之祖"。戏里的主人公名叫蔡伯喈，新婚不久就要离开娇妻进京赶考，像极了朱军的境遇。蔡伯喈应试及第，一举高中状元，不知道朱军此去，前程又会如何。

我全力支持，他便少了许多顾虑，打算把在兰州的工作交代好了就动身去北京。

看着他跃跃欲试的样子，我也随之兴奋和紧张起来。或许两个月前埋在他心里的不是小树苗，而是竹笋，假以时日，等一场润物无声的细雨，就迫不及待地拔节，壮志凌云。

壮志凌云的他和陪着他壮志凌云的我一起去银行取路费。当时我们的工资都是每月一百多，他比我高出一些，两人的积蓄一共不过几千元。

“都带上吧。”我想着穷家富路的道理。

“我带一半，剩下的留给你。”

“再多带一千。”

“够用了，不能再多了。”

两个人就这样在银行窗口前相持不下，后面排队的人开始频繁地跺脚和咳嗽，最终他还是拗不过我，取了三千元回家。

归途中我们不停地看表，航班不等人，朋友来接朱军去机场的车还有不到一小时就要开到楼下。

分别就在一片匆忙中迫在眉睫。

我拿出在军中叠被子打背包的速度帮他收拾行李，他可能用得上的东西分散在家中各个角落，我就像寻宝一样把它们搜罗起来，很快便堆起了三四包，却还是觉得什么都没来得及带上。

钱没有放进行李里，我特别嘱咐他贴身带好。

从窗户看到朋友的车向这边驶来，他穿好鞋，提起行李，我帮他正了正衣领，然后打开了门。

他是真的要启程，出去闯荡了。

我怕自己流露出留恋的神情，又让他不能安心，所以送到门口就停步了。他转身下楼，我想起还没告别，急忙向楼下方向补了一句：“路上小心。”

脚步声回荡在越来越低的楼梯上，这句话也不知道他听到没有。我们都一样，努力回避着这个不知归期的别离。

回到家，锁好门，桌上的一叠现金静静地望着我。他到底还是只带了两千块钱。

当天晚上，我把门窗关紧、锁好，反反复复检查了好几遍。躺到床上，一个人的房间显得从未有过的宽敞。表盘上的指针寂寞地转动着，我意料之中地失眠了，闭上眼睛，面前就晃荡着一千块钱。少了这一千块钱，他是不是就只能住环境恶劣的小旅馆，三餐中有一半以上吃不饱，出门宁可双脚走出水疱也不舍得坐车……

我也知道，这些问题他免不了要面对，即便多带上杯水车薪般的一两千块钱，也无从规避。

我们已经做出了选择，命运的轮盘正开始缓缓地转动起来。这些放手一搏所需要支付的“学费”，他必须上缴。经济上的捉襟见肘可以使我们心志受苦、筋骨辛劳，却束缚不了我们的手脚。

时隔多年，站在已经“赌赢了”的今天回头看，当时的选择真是：没钱，也任性。

不得不说的是，任性的代价是失控。当初朱军一走，我们的未来立刻就变成薛定谔实验室里那只可怜的猫，是生是死，谁也不知道。

“失控”这件事情与现在的主流声音似乎格格不入，现代人喜欢讲控制，控制体重，控制皱纹，控制人生，似乎活着的终极目标就是“一切尽在掌握之中”。

但当年，我们恰恰就是放弃了“掌握”，才赢得了今天。

或许，事实的真相是：我们自以为控制着的一切反而在控制着我们，而直到放下的一刻，筹码才真正回到自己手中，我们也因此才能拿着这些筹码，完成最酷的一次孤注一掷。

有些路总要一个人走

带着对老公的牵挂，我过起了婚后的“单身”生活。这也是我自出生以来第一次真正意义上的独自生活。

从小在家受妈妈管束、和姐姐做伴；上学之后，跟老师同学朝夕相处；考到部队，在军营里过集体生活，一切行动听指挥；等到把自己嫁出去，又忙着经营二人世界。

我不缺少陪伴，少的可能是孤独。一个人生活，我接受挑战。

困难很快渗透进衣食住行各个方面。

洗衣服不是难事，洗衣机却是个问题。朱军在时，两手轻轻一提就把洗衣机搬来搬去，我依样效仿，却狠狠一个踉跄，险些腰伤复发。

说来惭愧，因为妈妈太能干，我一直没找到锻炼厨艺的机会，朱军走后，小厨房就再没开过火，吃早饭、午饭、晚饭的时间都在食堂里度过。

家里的灯泡似乎通人性，少了男主人在，就开始欺负我。卧室的、厨房的、客厅的、卫生间的灯泡相继在一个个乌云蔽月的深夜里轰然熄灭，我不得不短期速成，学会了换灯泡的本事。

没人打火，朱军那辆摩托车很快积了尘。我外出采购满载而归，坐上他的车绝尘而去的美好剧情只能在回忆里上演，回到现实，可供选择的交通工具只剩下公共汽车和双脚。

没有大事，都是细节，每个细节都像滚进鞋里的一粒沙、倒进眼里的一根睫毛，不痛不痒地痛着、痒着。学习独立的日子里，我在这些小事上频繁地折跟头，跌三跤方知天高地厚，我就这样被生活从“小公主”调教成了“女汉子”。

如果可以，哪个女孩不想一直做公主呢，只是每个人都会遇到些必须承担的现实，无论你承担不承担，现实都在那里，不去承担，怎么改变？

好在公主也有很多种，不仅有美丽却脆弱、只能等王子来拯救的白雪公主，更有独立自主、勇敢决定自己命运的海的女儿。

我和朱军为了共同的目标各自单打独斗。每做成一件事情，我都不禁会想：这件事原来我自己也是可以做成的，那为什么之前想都不想就要老公代劳呢？

能独立完成的事情越多，能限制我的事情就越少，世界以一个被唤醒的姿态在“女汉子”面前展露开来，虽然不得已“被‘女汉子’”的我的脸上还带着一丝无奈。

连我自己都没有意识到自己竟可以如此坚韧，直到不得不以坚韧的姿态来与生活磨合。

但再坚韧的女人也有脆弱的时候。

朱军一个人在北京，不得不自己照顾自己，我虽然时刻挂念，所能做的也不过是一次又一次托要去北京的朋友带一些衣服过去。

结婚之后，他全身上下从里到外的衣服都是我在打理，当初一别走得匆忙，他只带了两件衬衫，怎么够穿？天气转凉了我要担心，他录节目自备服装我要担心，总希望能把春夏秋冬一年四季所有场合的衣服都给他准备齐全才好。

有一次，一位朋友要去北京出差，出发时间紧，正撞上我的一场演出，我只好把要给朱军捎去的衣服带到演出后台。表演一结束，顾不上换装，穿着舞蹈长裙，披上一件大衣，拎起那包衣服就向楼下跑，不小心一脚踩到大衣带子上，身子一歪，整个人就滚到楼下去了。我当时的第一反应不是看看自己哪里跌伤了，而是立刻爬起来继续跑，时间不等人啊。直到气喘吁吁把衣服送到朋友那里，回到后台更衣室，腿上的淤青才开始隐隐作痛。

晚上回到家里，坐在床沿上准备检查伤口，卧室的灯忽然一明一灭地闪，我皱着眉闭上眼睛，再睁开时，面前已经是一片黑暗。

停电了。借着手电筒微弱的灯光翻出药箱给伤口上药，无数个小时候听过的寓言故事浮上脑海：囊萤映雪，凿壁偷光……在照明技术越来越发达的 20 世纪末，一次停电就足以让我活得像个古人一样。

腿上的胀痛和心里的酸楚一并发作，唯一能稀释这茫茫一片负能量的就只有成功送出的那包衣服。

还好，把他最需要的东西及时送到了，自己苦一点有什么关系呢，只要他在北京能少一点委屈，多一点顺利，我也就知足了。

我唯一的一次崩溃，不是在朱军面前。

1994 年春夏之交，“兰战”选送了几个节目加入中国代表团赴平壤演出，我就在演出人员之列。最令我开心的是，路上会经过北京，这意味着我可以和朱军见上一面。

拿着日历一页一页向后数，我到北京那天，正好是他的 30 岁生日。

出发前的星期天，我兴致勃勃上街去给他买生日礼物。

一早出了门，外面的世界就像小学生写的作文一样，“今天天气晴朗，万里无云，就像是我愉快的心情……”

中国代表团赴平壤演出，
我就在演出人员之列。

当时他刚刚开始在央视主持《东南西北中》，我总觉得他适合在台上穿颜色更浅一点的衣服，正好借此机会买来送给他，当作生日礼物。

商场里有点拥挤，但这并不影响我的心情。心里面期待着近在眼前的重逢，设想着老公穿上新衣在镜头前精神抖擞的样子，我仿佛又变回了多年前那个在新疆集市上满心欢喜给妈妈和姐姐买围巾的小女孩。

选来选去，最终选定了一件淡黄色衬衫。

“这件多少钱？”

“96 元，但我们现在打折促销。”

打完折的价格依旧将近 80 元，相当于我大半个月的工资了。

“就这件，帮我包起来吧。”

我付了钱，大概就像多年前他在新疆买下那套牛仔衣裙一样毫不迟疑。

买完了礼物走出商店，已经是日上三竿了。站在公共汽车站，等车的人一点一点聚集起来，我们等的车却迟迟不来。

我不停地擦汗，心里面有了一点奇怪的感觉，就好像冥冥之中有个力量不想让我搭上即将到来的这辆公共汽车，所以特地留出这段时间供我逃离这里。

正胡思乱想的时候，车不紧不慢地驶来了。一群人追着车门迎上去，不习惯争抢的我就随缘般落在了最后。

我最后一个挤上车，还没站稳，车门就在身后“砰”一声关上了。

左手提着袋子，右手抓住扶手，我心里计划着接下来的行程：先去公公婆婆那里打个招呼，然后回家收拾行李，今晚早早休息，明天就可以精神百倍地出发了。

车子在路上颠簸，我有点昏昏欲睡，听到提示站名的广播才猛然惊醒：

该下车了。左手一提袋子，却感觉不到重量，我心里一惊，低头一看，难以置信地发现里面已经空了。

包装袋开口很大，衣服是掉到地上了吗？我艰难地低头查看，可是地上只有一双双各种各样的鞋，没有我的淡黄色衬衫。

我的脑海里出现两个大字：小偷！

车上很挤，连转身都困难，怎么把偷走衣服的那个人找出来呢？我正心急如焚，到站了，车门打开，我本应在这一站下车，但是已经顾不上了，我向四周扫视，额头上细密的汗珠不断沁出来，我多希望能用目光攥住那抹淡黄色啊。

忽然，一个人影赶在车门关闭前一秒蹿了出去，怀里就抱着那件淡黄色衬衫。

我心里一惊，下意识就要追过去，但是等我挤到车门前面，门再次“砰”一声关上了，把我硬生生拦在里面。

“开门！开门！”我拍着车门大喊。

车里声音嘈杂，中间隔了很多人，我的嗓门天生就不大，司机大概没听到。车门没开，车子启动，我眼睁睁看着那个小偷带着我新买的衣服溜走了。

我在下一站下了车，在原地站了很久，眼泪不由自主就流下来了。

他那么需要那件衣服，我还给弄丢了。

要是没上这辆车多好，把袋子再看紧一些多好，要是朱军在该有多好，他一定能把小偷抓住，而且当时他骑摩托车，我们坐摩托车回家，也用不着挤公共汽车……

被一件衣服勾起的还有这些日子以来独自生活的所有不如意。自责和无助紧紧抓住我，让我在光天化日之下无所遁形。

就算我委屈得想让整个世界停下来陪我伤心，可地球还是照常旋转。走在去公公婆婆家的路上，我一路走，一路哭，快到的时候刻意放慢脚步，抓紧时间把眼泪擦得干干净净——在老人面前是不能提这些事情的，我不能让他们和我一起不开心。

我调整好状态，敲开门，尽力挤出最自然的笑容面对两位老人。

“爸，妈，明天我要去北京看朱军了。家里有什么要嘱咐的，我把话带过去……”一边若无其事地说着话，一边尽量把脸别过去，生怕被二老察觉出脸上的泪痕。

出门的时候天已经黑了，公公婆婆家离我的住所并不近，我也不能让两位老人家送出太远。回家的路上就是一个人，影子被路灯拉得很长，到了家还是形单影只，心里面空荡荡的。

怎么办呢？带着心疼和忧虑，我几乎辗转了一整夜。

第二天起床，趁集合时间还没到，我早早跑去昨天那家商店，咬咬牙又花同样的价钱买了同一款衣服。

售货员还是昨天的那位，她奇怪地看了我一眼：“你昨天来买过一件吧？”

“哦……我再帮朋友带一件。”

我说了谎。也不知为什么，无论如何就是说不出“刚买的衣服在公共汽车上被偷走了”这种话。我不想加重自己的无力感。

就这样，我在 24 小时之内花光了一个半月的工资。回家的公共汽车上，我把这一件衬衫紧紧护在胸前。当时我有种感觉，觉得以后不管再经历什么，都不会再比这段日子更难熬了。

在北京和朱军小聚，他瘦了，我也是。我们那么爱惜对方，爱莫能助的滋味太苦涩了。很快，我要随着代表团启程。在离别的车站，我把这件来之不易的衬衫送给他：“生日快乐。”

“很贵吧？”他看了一眼包装。

何止贵，价钱还是双倍。

“打折的，没花多少钱，浅色衣服上镜好看。”

火车开动，他挥着手飞快地退后，很快就退出了我的视线，可我觉得自己才是被留在原地的人。

下次见面是什么时候？这种两地分居的日子还要持续多久？以后还会遇到什么困难，我能自己面对吗？想到回家后又要独自面对漆黑一片空落落的房间，一直以来积压的委屈化作泪水夺眶而出，我在火车上旁若无人地号啕大哭。

总有些路要一个人走，但一个人无依无靠实在太辛苦了。即便独处的时光让我更加独立和坚强，但日子不能一直这样过下去。暂时的分别是为了更好的相聚，现在的独行是为了以后的同行，痛快哭过一场之后，我擦干眼泪，暗暗对自己、也对同样孑然前行的老公说：北京等我，我要“脱单”！

独自上场——最后的双人舞

1995 年春，兰州的某个礼堂里，曾上演过一支双人舞《鼓情》。这场舞蹈并没有留下影像资料，或许我脑海里的回忆是对它唯一的记录。

那支舞蹈，是我文艺兵生涯的里程碑。在兰州军区战斗歌舞团跳了八年群舞之后，我终于成为了舞台上唯一的女主角。

这支双人舞的故事，要从我的群舞经历讲起。

文艺兵的舞蹈以群舞为主，由于身高方面的不足，我很少在群舞中担任领舞。

表现主义舞蹈先驱玛丽·魏格曼说："'舞蹈'不是在跳故事，而是一种情感。或许不是别的，而是表现个人体验的强烈冲动。"

每个舞者都有自我表达的欲望，即便只能站在群舞的位置上，我的热情依旧不会被挫伤。或许在许多人看来，群舞舞者不过是绿叶，但在我看来，群舞舞者更可以是主角。虽然大家穿着同样的服装，被编排了同样的动作，但我的表情，我的状态，都由我做主。即便被安排在聚光灯无暇眷顾的角落，我依然是以从前在学校时，每一次跳独舞、做领舞的标准要求自己。

其实，在参演人员以数十、数百计算的舞台上，一个演员的一丝不苟就像一个演员的敷衍了事一样难以被察觉，但我就是不能忍受自己的松懈。我怕敷衍应付，久而久之，自己就变成了伊索寓言里的那只狐狸。

伊索寓言中有一只小狐狸。一天，它看到一根高枝上挂着一串看上去非常美味的葡萄，于是向葡萄跳去。但葡萄太高，它够不到。跳了一次又一次，每次都以失败告终。最后，它放弃了，饿着肚子离开果园。

这则寓言最让我警醒的是最末一句："饿着肚子离开果园的狐狸不断对自己说：'我其实并不想吃那串葡萄，那葡萄可能是酸的。'"

开始时狐狸笃定葡萄很美味，于是它全力争取，乐此不疲，但当行动一次次失败，挫败感把它吞没。为了对抗这种失败感，它的自我保护机制编造出"酸葡萄"的信念来保护自己。

如果任由这种消极的思考模式在头脑里定型，即便前方的果树上还会挂着鲜美的桃子、苹果、梨，它也会默认这些结在枝头的水果都是酸涩的，想必也不会再去争取了。

如果因为不能站到引人注目的位置上就不再精益求精，不就正像遭遇失败就收起野心的狐狸一样吗？我不怕一直跳群舞，只怕自己不再做领舞的梦了。

作为舞者，谁不希望自己在舞台上受到瞩目呢？可能由于种种原因，机会暂时不属于我，但每次上台表演，看到领舞的身影，我就站在离梦想最近的地方，等它照进现实。

会不会有一天，那个位置会属于我，整个舞台会属于我呢。

我在"兰战"，一舞八年，漫长的时间没有改变我，我依旧时刻准备着，做台上唯一的舞者。机会永远偏爱有所准备的人，终于，我收到了梦寐以求的一份大礼。

在某次兰州市的对外交流活动中，我们要准备一台晚会，其中有一个节目是双人舞《鼓情》，我和一位低一届的男孩儿被选为这支双人舞的演员。

我永远都不会忘记收到通知时惊喜的心情——终于等到了。跳了八年群舞，虽然也获得很多军队的大奖，但能以一支双人舞，独占“兰战”的舞台，毕竟是第一次。

负责教我们这支舞蹈的是从中央民族大学请来的马承魁老师。

“这支舞蹈作品叫《鼓情》，是讲述男女美好爱情的傣族舞蹈。”

马老师在舞蹈世界里激活了自己的生命的另一种颜色。在日常生活里，他儒雅、沉稳，但每当音乐响起，讲解舞蹈动作，他就能立刻迸发出无尽的激情，仿佛要把生命的能量在舞蹈里彻底燃烧。

这就是舞蹈的力量，爱跳舞的人永远年轻。

走在一条自愿选择、全情热爱的道路上，就总能有幸遇见许多志同道合的人。其中有良师，有益友。与富有激情的舞者进行艺术碰撞，大概是每位舞者都心驰神往的机遇，所幸我选择了这份幸运，这份幸运也选中了我。

在马老师的指导之下，排练顺利进行。我投入所有的热情，只待登临舞台，沐浴灯光，倾情一舞。

终于到了演出的日子，在后台，面对试衣镜，我静静注视着身穿漂亮傣族舞裙的自己。现场热烈的气氛隐约飘散过来，舞台上的灯光已经发出无声的邀请。我努力平复激动的心情，对镜中的自己说：“这支舞蹈属于你，去绽放吧。”

这支双人舞并不长，只有五分钟左右。在这短暂的时间里，伴着婉转的音乐，关于“兰战”的记忆纷至沓来，点点滴滴落在心头：

二姐递给我的印有“兰州军区招收舞蹈演员”通知的报纸；

报名地点涌动的人潮，一张张年轻又焦灼的面孔；

层层考核和残酷选拔下的重重压力；

最终有惊无险接到录取通知书；

父亲病逝的噩耗，我一夜之间的成长；

进入部队后从零学起的艰难，淘汰压力之下的焦虑和难眠；

练功房里被我独享的金色晚霞；

夜深人静，我给思乡的战友们讲的童话故事；

下部队演出，命悬一线惊心动魄的经历，在边疆地区体验的缺氧与感动；

当然还有在军区大院里收获的甜蜜爱情。

还记得站在“兰战”的舞台上，我说的第一句话是《红霞里有个我》里思念妈妈的小女孩口中的台词：“妈妈，我是多么想念您……”

八年过去，我对“兰战”的感情，与女儿对妈妈又有何区别呢？把这八年以来的成长和感悟全部融入每一个舞步之中，我要以这一舞，对这个承载了太多回忆的地方做最深情的告白。

五分钟很快过去，我的舞姿定格在最后的动作，灯光熄灭，舞蹈结束。回到后台，我看着镜中的自己，笑中带泪。

这是我在“兰战”舞台上跳的第一支双人舞，是总结，也是告别。独自登上从未专属于我的舞台，这是第一次，也是最后一次。

我要以这一舞做最深情的告白。

D A N C E

谭校长说

舞蹈、音乐、表演，三位一体

在艺术的宏伟殿堂里，有许多相邻的房间和相通的廊厅。在我看来，舞蹈、音乐、表演这三者便在艺术的世界里密切相关。可以说，只有将三者结合，才能达成至臻完美的境界。

舞蹈能显著提升个人气质。会跳舞的人未必时时处处都起舞，但舞蹈带给人的改变却总是有目共睹。舞蹈对于人的影响绝对不仅仅局限于课堂之中，更可以远远辐射到舞池之外，长期的舞蹈训练可以使人的一举一动都变得优雅。学习舞蹈能使女孩亭亭玉立、男孩阳光向上，与舞蹈为伴的人，永远都充满正能量，给人以昂扬向上的美好感觉。

音乐带给人心灵的慰藉、精神的鼓舞、灵感的激发。无论是声乐还是器乐，都能为生活增色、给生命以韵律。

表演是艺术写给生活的诗歌。表演摹画情节、记录生命、升华情感、致敬生活，尤其对于小演员们而言，通过表演，他们对人生会有更加深刻的理解。

舞蹈、音乐、表演，三项艺术，三笔财富，可以互为羽翼、相互促进。

将三者完美融合，就仿佛如虎添翼；让三者相互剥离，则难免美中不足。

跳舞的时候，相比于肢体上的律动，舞者的表情看似细微，却恰恰是一处制胜的细节。如果舞者在掌握舞蹈技能之外，同时具备一些基本的表演素养，可以配合舞蹈的情节展现出相应的生动表情，就会格外加分。

表演的时候，如果演员拥有一定的舞蹈基础，表演时形体挺拔，四肢舒展，姿态优美，就比动作僵硬、肢体不协调的演员要出彩得多。

我本身就是跳舞出身，又曾学习表演专业，而且自行研究过音乐，这些年，走在艺术道路上，一直都被身边的人称赞“在你身上可以看到综合性的东西”。我自己也经常思考舞蹈、音乐、表演的关系，发现这三者的确密不可分。

创办八八空间之后，我特别专注于艺术教育工作，也非常希望把自己的亲身经验毫无保留地传授给孩子们。为了给学员提供兼具科学性与趣味性的课程，我与八八空间教学部的骨干教师们总结多年的教学经验，针对不同年龄段的学员，精心研发了舞蹈、音乐、表演等一系列特色内部教材，多年来在一批批学员身上取得了非常令人满意的效果。

在近十年的教学实践中，我通过观察和总结，发现了一个不争的事实：兼报舞蹈、音乐、表演这三类课程的学员，在这三门课程中都表现得更加出色、进步得更快、发展得更全面。这三项艺术技能相互促进，取得了“1+1+1>3”的效果，而这也正是我成立八八空间艺术团大班的初衷。表现优异的学员，通过推荐和考核，可以进入艺术团大班学习，此前训练的各项艺术特长都能在艺术表演中找到施展的空间，从而迅速获得综合能力的整合与提升。

我始终认为，艺术是能提高人的修养、带给人快乐的。舞蹈、音乐、表演，都是瑰丽的艺术，都具有神奇的力量，同步学习，三位一体，学员的举止会更加优雅，在艺术花园中采撷的快乐也会翻倍。

第三章 | 可以改变姿态，决不改变方向

只要目的地不曾改变，左转、
右转，都是向前。

L E A D D A N C E R

有人负责分离，就有人负责团聚

酒瓶又空了。

桌子不大，桌上高低错落挤满了剔透的空酒瓶，瓶底的残酒在灯光的映照下亮晶晶一片，像是高粱和小麦的泪水。

对坐畅饮的是朱军和解放军艺术学院的一位老师，他们每多干一杯，我的心就替他们抽搐一下。

甘肃酒文化中有不成文的一条铁律：没喝“倒”就算没招待好。朱军是地道的西北汉子，这一顿又是他张罗了好久的谢师宴，自然免不了要不醉不归。我虽然知道酒醉伤身，但也不好拦着，会扫了大家的兴。

两个人的脸都已经红透，还闪着满是醉意的亮光，说话时口齿也慢慢有点含混了。

“有您这位专业人士指导，咱们心就不慌了。”

“都是谭梅自己努力的成果，她这几个月进步特别大，保证能考上，保证……”

听到别人夸奖自己的老婆，朱军满脸自豪地望向我，就像在端详一位解放军艺术学院的准学员，我却只能挤出一个毫无底气的笑，心里满是“大战”之前的紧张不安。

我们一行三人是店里最后的客人，趴在吧台上的老板已经打了无数个哈欠，好几次想过来催促，都被我满脸歉意地拦下，解释完还要多点几瓶好酒，人家这才勉勉强强收留我们到这个时候。

他们说话的声音越来越小，手上的酒杯也颤颤巍巍地端不住了。两人一起在桌前轰然倒下时，距离我上考场只剩下不到八个小时，尤其糟糕的是，为考试准备的小品只编到一半。

我独自面对满桌的狼藉和喝得烂醉的两个男人，简直欲哭无泪。

事情要从那件在火车站台上被送出的黄衬衫说起。

在火车上痛哭过后，下决心“脱单”的我开始思考改善现状的办法。当时朱军已经争取到了在央视试用的机会，他从擦桌子倒水打盒饭做起，千辛万苦才挤进演播厅，事到如今绝对没有退回兰州的道理。因此，要突破两地分居的困局，唯一的出路只能由我开辟。

我要去北京。

这个念头像焰火一样绚烂地盛开在脑海里，我被照亮了。

如果我能去北京，着眼当下，我们既免了相互牵挂，又可以彼此照顾，一箭双雕；瞻望远景，我和他都从事文艺工作，如果能走出兰州，把打拼的背景转移到北京，在全国的文化中心发展事业，自然妙不可言。

这个梦太美了，可是越美的梦往往越扑朔迷离。去北京不难，留在北京才难。我到了北京住在哪儿？做什么？衣食住行每一样都明码标价，我怎样支付巨大的开销？朱军是带着央视主持人的邀请和央视编导的推荐过去的，最开始尚且被央视门前的武警拦了整整四天，我若是去北京，连个介绍和引荐都没有，如何落脚？

一个个尖锐的问题，都像是玫瑰花茎上的利刺，让觊觎玫瑰花香的我望而生畏。

然而仔细想想，这看似困难重重、实际上也的确困难重重的“死胡同”，却是我唯一的出路。“走出兰州，进军北京”是我们共同决定的一场冒险，现在，他已经远远地走在前面，既然说好了要“执子之手，与子偕老”，我怎么能让他等我太久？

有朱军做榜样和先例，我决心要从不可能中，创造出一些可能性来。有句话说得好：有时候，因为没有选择，往往选对了路。

当时我的身份是“兰战”的副营级干部，在部队编制下从兰州调到北京是最理想的情况，但其难度不可估量，可行性基本为零，暂且忽略不计。

我的目光转移到团里最引人注目的一批佼佼者身上，我发现她们都有着一个共同的母校：中国人民解放军艺术学院。

中国人民解放军艺术学院简称“军艺”，是部队文艺工作者的最高学府，被誉为“军队作家、艺术家的摇篮”。能进入“军艺”深造，是一直以来埋藏在我心底的梦想。

和朱军通电话的时候，我说：“我要去北京。”

电话那边是意料之中的沉默。

我补充道：“我要考‘军艺’。”

还是沉默。

隔着迢迢千余里的距离，仅凭一根电话线相连，我看不见他的表情，也猜不出他的心情。在这包含了千言万语的沉默中，许多情绪和猜想一并翻滚沸腾。他支持这个决定吗？他觉得我能行吗？面对这一个几乎不可能的任务，我没有帮手，我只有他了。哪怕他什么都不做，只要一声鼓励，依旧足以支撑我继续做这个可能不会成真的美梦。

我举着话筒，一颗心一点一点沉下去，他终于开了口：“我去想办法。”

原来他的沉默，不是对我的决定加以评估，而是已经在思考帮我圆梦的方法。就像我当初无条件支持他去北京，无论能否得偿所愿，总要尽力一试。

不久后，在一个阳光明媚的中午，他打来电话："名额有希望了。"

我还没来得及做出一个惊喜的表情，就听到了接下来的"但是"。

"但是……"他说。

我刚刚落地的心又荡到了半空中。

"没有舞蹈专业的名额。"

我被这个坏消息噎得说不出话来。

"有表演专业的名额，你可以考这个。"

接下来大半天的时间里，我所有的心理活动都再没有离开过"表演"这个词。

为了接受只能做表演系考生的惨痛事实，我对自己展开了一场诡辩：其实我也算是个演员——毕竟"舞蹈演员"里面也带着"演员"这两个字嘛；跳舞的美妙之处是可以传递感情、传播艺术，表演不也是异曲同工的吗……

可理智很快就夺回了对大脑的控制权：先不说表演专业课的考试完全没有头绪，即便侥幸闯过了第一关，接下来还要准备文化课。语文、数学、英语、政治四座高峰横在眼前，只差一点就凑成了如来佛祖的五指山，短短几个月的时间里，怎么复习得完？越想越觉得希望渺茫，我垂头丧气地坐在家里，一个个灰暗的念头像彗星一样拖着长长的尾巴划过脑海。

考"老本行"舞蹈专业都不敢说有必胜的把握，更不必说踏足完全没有经验的表演领域。刚刚燃起的希望几乎就要被失落扑灭，我好不容易才鼓起勇气决定向前，"军艺"就不动声色向后退了一大步。

要不就算了，先不去北京了，以后有机会再说吧。

虽然也知道，以后大概不会再有机会了。

像是自己在警醒自己一般，我的耳边响起了老公隔着电话听筒传来的声音："名额有希望了。"

轻描淡写的一句话，不知暗藏了多少沉默的奔波和无声的汗水。我不必追问，就能想象出全部的细节：想必他是拿出了拎着行李箱就直闯央视文艺部的气魄，千方百计询问打听，跑去跟招生办的老师聊天，说明情况，去打动他们，铁鞋不知踏破了几双，口舌不知说烂了几回，费尽周折才能联系上"军艺"那边，为我争取到名额，给我带来了这来之不易的希望。

如果我只是因为专业不合心意，就要轻言放弃，那也未免太不懂事了。

不争取，怎么知道不会成功呢？虽然常言道"人生不如意十有八九"，但毕竟还有个成语叫"好事多磨"。

为了呵护心底一息尚存的理想火花，我不断用愿望达成后的美好前景鼓励自己：如果考上了，部队会保留我的军衔，军装还穿在身上，更可以带薪上学，我在北京的生活就有了经济保障，可以专心学习，不必被生存问题羁绊住手脚；有"军艺"的招牌做坚实后盾，凭这份经历和学历，不仅在校期间可以顺利找到兼职，再过两年，毕业后也可以顺势登上一个更高的平台；最重要的是，人往高处走，我想把自己变成更优秀的人，登高一望，见识更新鲜的风景。

想象中，朱军脖子上挂着央视正式员工的工作证，我胸前别着解放军艺术学院的校徽，我们昂首阔步在天安门广场手牵着手散步，五星红旗在远处猎猎招展，风吹乱了我们的头发，却吹不乱脸上的幸福……

每当我信念一软，想要放弃，这个画面总是适时地跳出来，它是如此耀眼，以至于我根本无法抗拒诱惑，总是深呼吸，调整情绪，然后又乖乖投身于我的备考大计。

朱军在北京为我搜罗考试资料、联系辅导老师，我则利用一切可以利用的机会赶到北京去学习，找老师帮我准备朗诵、准备小品……比起之前简单的小聚，现在的每个旅程都被赋予了更深层次的意义。这是一场不允许失败的战役，为了实现我的梦，为了长久的相守，为了两个人有更好的以后，我只能胜利。

终于到了考试前夜，紧绷的神经却依旧不能放松。因为去北京的次数实在太有限了，考试要求的小品，老师只帮我编到一半。原本打算当天晚上毕其功于一役，这才摆了一桌谢师宴请老师过来。可是三人坐下，小品没聊几句，酒端了上来，推杯换盏，觥筹交错，一转眼朱军和老师就统统醉倒在了酒桌前。

我的小品该怎么办？

回到宾馆，朱军的酒还没有醒得彻底。我望着窗外越升越高，到了顶点后又慢慢落下的月亮，一点一点梳理起小品的情节。

这个为考试准备的作品是一个单人小品，讲述了一个女大学生和妈妈之间的真情故事。

女孩出生在一个贫寒的单亲家庭里，上大学后，为了节省路费，她已经两年没有回过家了。转眼又是一年春节，她用两年之间省吃俭用节约下来的钱，买了车票回到家，还给妈妈带回了一件毛衣。

推开家门，妈妈不在。她小心翼翼捧出毛衣，兴奋地设想着妈妈穿上毛衣后该有多么年轻，多么精神……可是就在她满怀期待地等候妈妈回来时，无意间发现了一本书，随手一翻，从书中掉落了几页薄薄的单据。她捡起仔细一看，瞬间就跌坐在椅子上——那是卖血的单据。

她这才恍然大悟：原来自己上大学的学费，都是妈妈卖血换来的。

老师编写的剧情就到这里为止。接下来情节如何发展？应该怎样收场？故事的结尾走向只能由我自作主张了。

我告诉自己，只要全情去演，把自己彻底融入到人物中去，情节就会推着我向前走，最后，将不是我选择结局，而是结局选择我。

演到女孩发现卖血的单据，呆立在原地不知如何是好的时候，我完全入戏了，似乎真的听到了开锁声，我一个激灵，仿佛空气里就画着一扇门，只有我能看到。

门开了，走进来的是我自己的妈妈。

“妈妈……”我失声叫了出来。

眼泪如涌泉一般，再也止不住：“妈妈，对不起，对不起……”对妈妈的思念和牵挂全部倾泻到了我所扮演的女孩的体内，我在自然爆发的情绪中完成了表演。小品结束，我靠在考场外的墙壁上，好一会儿都没能回过神。

虽然从上台开始，评委老师就已经看出我没有学过太专业的表演课程，但我真诚的态度和真挚的感情真真切切打动了他们。最终，这个科目，我取得了在非专业考生之中难得的高分。

戏剧可以是虚构的，但表演必须是真实的；情节可以是假的，但情感必须是真的。

下一科是舞蹈，我调整情绪，决心好好把握，将长处发挥到极致。音乐响起，我屏气凝神，准备施展出全身解数。

一个动作，两个动作，我心中暗喜，自己的状态不错，看来没有受到上一场的影响。

“可以了，音乐停吧。”

评委老师的话掷地有声，音乐戛然而止。我有点意外，但还是守住了一份镇定。我心里清楚，自己并没有出现失误，即便没能惊艳全场，总也不至于被叫停。

我保持微笑，投去一个问询的眼神，对方也用微笑回应：“不用跳了，可以了，能看出来你是专业的。”

原来如此。我向评委席鞠躬致谢后，带着复杂的心情走出了考场。没能把精心准备的舞蹈跳到尽兴，有点遗憾。但更多的是欣慰：评委的高度评价证明我没有辜负自己八年的文艺兵生涯，最重要的是，在“军艺”的考场上，我没有丢“兰战”的脸。

相比于表演和舞蹈方面的优异表现，声乐这一科我有点吃力。只能说多谢评委的包容，最终我通过了全部的专业课考试，一只脚迈进了“军艺”的大门，另一只脚下还摇摇晃晃踩着堆积如山的文化课资料。

起早贪黑，废寝忘食，分秒必争，都可以拿来评价文化课复习期间的我。从前五六点钟起床练功，现在一边耗着腿，手里还要拿着书，只看不够，还要背，要记，“苦心志”和“劳筋骨”一步到位。学习紧张，工作也不能耽误。一边开辟新路，一边留着后路，为了稳妥，我宁愿多吃些苦。

几个月下来，我的小圆脸硬生生瘦成了瓜子脸，体重下降了整整八斤。考试在即，这大概也算是“轻装上阵”吧。

走出考场那一刻，我已经很清楚地知道自己通宵达旦勤学苦练的时光没有虚掷。顺利地考完了所有科目，就像是孙悟空挣裂了五指山重获自由，轻松加愉快。

如果他在就好了。就像刚打完一场艰苦卓绝的恶仗凯旋的将士会格外思念亲人，此时此刻，他是我最想见的人。

等等，远处那个熟悉的身影，不正是他吗？但是他明明在北京，怎么会出现在兰州考场的门外呢？是我看错了吧……我的心怦怦跳着，一边瞪大了眼睛仔细分辨远处模糊的面容，一边快步向那个人走去。

对方也笑着向我挥手，我这才确定，真的是他。为了这场考试，他亲自从北京飞回了兰州，我在考场上答题，他就在考场外苦苦等候了好几个小时。从我备考“军艺”开始，也不知有多少次，他就是这样，在我看不到的地方，用他自己的方式，为我付出，给我加油。

我向他做出一个胜利的手势，对于结果，我已经十拿九稳。迎着“夕阳无限好”的黄昏美景，我满怀自信向北京的方向投去一瞥：“军艺”，等我；首都，我来了！

解放军艺术学院 50 周年校庆
我和声乐老师王冬在一起。

在演员里最会跳舞，在舞者里最会演戏

排练结束的时候我瞟了一眼教室墙壁上的挂钟，就知道铁定赶不上末班车了。眼前有两条路，一是在教室里睡一晚，二是打车回家。

在进行了激烈的思想斗争之后，我还是选择了打车回家。

在黑色的夜风里徘徊了半个小时，我终于拦到了一辆亮眼的黄面出租车。从上车开始，我的眼睛就没离开过绿莹莹闪着幽光的计价器。上面的金额每向上蹦一块钱，我的心就狠狠颤动一下。窗外的夜景一幕幕飞速掠过，车子在深夜的车道上风驰电掣，显示屏上的数字一路涨上去，我的心也随之颤抖个不停。

远远地已经可以看到丰台的那栋小白楼，再过一条马路，就到家了。马路不宽，司机师傅踩一脚油门，打一圈方向盘，几秒钟就可以把我送到家门前。

我却咬了咬牙："师傅，麻烦您在这儿停，我要下车。"

不为别的，只是多转过这么一个弯，计价器恐怕又要多蹦两块钱，我真心舍不得。

下了车，冷风钻进衣领里，惹来了一个寒战，昏暗的路灯灯光下，摇曳着凄厉的树影。要过到马路对面去，唯一的办法是穿过一段地下通道。

地下通道是黑的，没有灯光，漆黑一片。

我在入口处转悠了足足十分钟，就是鼓不起勇气走入那一潭死水一般的黑暗。

忽然，寂静无人的街道上，远远地有一个身影向这边走来。我心里一紧，也不知道为什么这么慌，像是逃命一样跑进了地下道。

地下道里的黑色比想象中更阴沉、更浓郁。刚刚走过来的那个人，他也会跟进来吗？在恐惧的驱使下，我的脚步越来越快，脚步声和脚步的回声在空寂的长廊里乱成一片。

这一片黑暗里，真的只有我一个人吗……我越想越怕，一阵凉气从背脊窜起，想回头看，却又不敢回头。我很害怕，怕背后跟着什么东西，怕是鬼，更怕是人。一声尖叫在喉咙里蓄势待发，我不顾一切地狂奔起来。

出了地下道，我一刻也不敢停歇，奔回家，跑上楼，直到老公开了门，我沐浴着家里明亮的灯光，悬在半空狂跳不止的心这才慢慢安定下来。

“吓死我了，吓死我了。”我惊魂甫定。

“怎么了？”他也急了。

听我讲完所有的经过，他略带埋怨：“干嘛呀，就差这两块钱吗？”

还真就差这两块钱。

当时他住在丰台的一个小白楼里，我平时住校，每个星期回去一次，从周五晚上住到周日晚上。回家的路线是从“军艺”坐公共汽车到白石桥，再从白石桥倒另一班车回丰台。

为表达谢意，我刚到北京就请那位辅导我备考的“军艺”老师吃了一顿饭。回到家，摸着干瘪的钱包，我向老公感叹：“北京的消费真是太高了。”

一顿饭而已，兰州那边刚发的工资就花得一分不剩。那段时间，我们过得很是拮据，每一分钱都要精打细算，可能今天买两条活鱼改善生活，明天就连出门坐地铁的钱都拿不出来。

为了节约两块钱，我宁愿在潜伏着凶险的深夜，独自穿过黑暗的地下道，这就是我到北京之后的第一个月。

生活上清贫艰难，学习上也只能苦中作乐。

在“军艺”，我再次成为了班里最差的学生。面临与初到“兰战”似曾相识的境遇，作为“过来人”，这一次，我淡定了不少。

开学第一天，同学们齐聚一堂：买红妹，已经把小品演到了春晚的舞台；刘艺，空政文工团的演员；邵峰，小品曾经在全军获过大奖……华丽的阵容之中，唯有我画风不对：谭梅，兰州军区战斗歌舞团舞蹈演员。

作为舞蹈演员，我好像走错了片场。这种错位的感觉一直延续到了第一学期末。

声乐课。唱歌应该气沉丹田，可跳舞需要把气提起来，是不能向下沉的。多年的习惯一时之间难以扭转，说了二十几年话，现在竟然连声音该从哪里发出都搞不清楚了。我用不上力，只能拿老师讲的理论生搬硬套，一不留神就再也跟不上节奏，只好无奈地眨着眼睛，嘴唇作蠕动状。

台词课。和声乐课相似，我空有一腔饱满的感情，但是技巧性差。学习没有捷径，只能慢慢来。

表演课。在表演课上看了其他同学的单人小品，才知道自己考试时表演的那个单人小品最多达到入门级别。

单人练习阶段，老师说：“想要创作出小品，就必须观察生活。”

去哪里可以观察到生活呢？

我选择了动物园。星期六，我带着“好好学习，天天向上”的使命感，坐上了去往北京市动物园的公共汽车，准备到那里去观察超越物种的生活。

星期天，我把自己关在房间里，一边梳理回忆，一边构思作品，终于在夕阳落山之前让作业初见雏形：模仿一个母亲推着婴儿车到动物园去，一路走，一路给孩子讲解："宝贝你看，这个是猴子，那个是狮子……"

下一节表演课上，我交出了我自己的作业，收到的评价是：一塌糊涂。

这个小品的主旨是什么？情节的起承转合在哪里？我母亲没带我去过动物园，我自己本身也没当过母亲，仅凭短短一天内表面的观察、粗浅的模仿，表演的生动性如何保证？

这是一份不合格的作业。

我红着脸回到座位上，心里面暗暗运了一口气，聚精会神地看起了别人的表演。

他们怎么会演得那么好？

买红妹扮演一个乞丐，不顾形象地打造了一个极其逼真的邋遢扮相。饭店里，客人刚一结账走人，她就冲过去抢人家剩下的东西吃。但就是这样一个处于社会最底层的人，却没有被贫穷埋没了良知，当她发现客人把钱包忘在座位上，就不假思索地追出饭店，把钱包还了回去。

刘艺演了一位售票员，为生计疲于奔命，心里面满是辛酸。当一天结束，票终于卖完，他掏出自己孩子的照片来，所有的隐忍，所有的劳苦，都是为了孩子，情绪在无声的爆发中达到顶点。

这才是有故事性的故事。

我呆呆地看着，真想能拿一台录像机，把他们的表演都拍下来，回去一帧一帧地拆解、分析。人家是怎么想的呢，我怎么会想不到呢，我拼命推敲琢磨，请教老师，求助同学，俨然走火入魔。

不疯魔，怎么成活？

舞蹈是艺术，表演也是艺术，艺术与艺术之间虽有相通之处，但更多的是隔阂。从一个领域跨入到另一个领域，得到了新鲜，却失去了安全感。

在“兰战”用接近自虐式的练功练舞换来的安全感，又被我在“军艺”弄丢了。

声乐课、台词课、表演课，每一节课都不安全。听不懂专业术语的尴尬、“外行人”的身份认同障碍、被班级进度远远甩下的恐慌……简直是险象环生，危机四伏，每个难处都像一把无形的小锤子，整日在心上敲打。

唯一能带我走出灰暗角落的只有形体课。形体课上，我终于有机会把自己的专业优势发挥得淋漓尽致。老师经常说：“谭梅，你来代课吧。”这是我唯一能找回些许自信的时刻。

当这一缕阳光转到别处之后，我的学习生活依旧处于找不到北的状态。为了在“表演”这座迷城中生存下来，上进心和兴奋感是唯一的指南针。

上进是长久以来的习惯，而兴奋感的源头则是表演艺术的神奇力量。

“世界是一个舞台，所有的男男女女不过是一些演员，他们都有下场的时候，也都有上场的时候。一个人的一生中扮演着好几个角色。”说这句话的人是莎士比亚。

我想，可能戏是离生活最近的地方。演员与戏如胶似漆，也与生活若即若离。演戏是件暧昧的严肃差事，演员既在局外，又在戏中，一念旁观者，一念梦中人。这种亲密的疏离令我深深入迷。

我成为了班级里最“高产”的学生。表演课上，老师布置下来一个作业，别人都准备一个作品，我却一定要准备两个。勤能补拙，一个不行，还有另一个。尽管质变不能在短期内达成，数量上的备份还是让我心里多了一重保障。

当初所向往的，高处的风景和新鲜的人，如今全都见识到了。与我坐在同一间教室里上课的是从各地汇聚而来的精英，在这样的一个平台上，他们都成为了我“神一般的队友”。他们的表现就是活的教科书，与他们讨论，听他们分享经验，水涨船高，往往人家一句不经意间的提点，就胜过我自己孤军奋战摸索一整年。

就这样，我完成了在第一学期内的适应和过渡，总算没有被大部队抛弃，还是可以做到不拖后腿，稳稳地走在队伍之中。

像跳舞一样，站稳之后，就该开始跳跃和旋转了。

第二学期，我慢慢找到了演戏的感觉，表演课从单人练习进入到双人练习阶段，在搭档的带动之下，我的演技突飞猛进，期末考试中，三个作品全部得到了“优”。

继舞蹈之后，表演事业在我面前推开了一扇通往新空间的大门。在“军艺”，我的身份从舞蹈演员转变成了影视戏剧演员，看似命运更迭，一切改变，但身份的变更只是表面现象，我从未与舞蹈话别。舞蹈所赋予我的一切，始终以另一种形式，在我的血液里继续流淌。跳舞和表演不是非此即彼，对我而言，二者不仅可以得兼，更可以相得益彰。

我将表演与舞蹈相结合，曾在“军艺”造就了一场观者如堵的盛况。

那是一部形体小品，由我和班长王冬合作完成，名字叫作《老人与树》。我饰演树，他饰演老人。我是植物，没有台词，更多的是用肢体语言来表情达意；而他不会跳舞，因此承担了大部分舞蹈以外纯粹表演的戏份。总体而言，这是一部形体小品，我负责形体，他负责小品。

情节并不复杂：老人种下了一棵树，日复一日为它修剪枝节，悉心浇灌。在老人的辛勤培育之下，这棵树茁壮成长，枝繁叶茂。

突然有一天，有人来破坏这棵树，老人与入侵者进行了殊死较量，为了保护这棵树，他迸发出了无尽的力量。

那棵树不能动，不能战斗，只能心急如焚地旁观老人以并不硬朗的身体去厮打，去驱逐，终于让入侵者逃之夭夭。

老人筋疲力尽地在树下休息，带着胜利的喜悦，也带着胜利后的疲惫。它感受到了他的衰老。它粗壮树干上盘踞的年轮，每一圈都是他手上逝去的时光。

他会越来越苍老，但它会越来越强壮，它为他遮阴，为他遮雨，此后的每一轮春夏秋冬，他与它都在守护和被守护之中体会温暖，体会爱的给予与回馈。

这部形体小品里的老人与树可以是父母与子女，也可以是老师与学生。观众有足够的想象空间，可以在我们的故事中加入他们对于反哺和轮回的理解。

这部作品当时吸引了许多其他班级的同学前来一睹为快，在称赞声中，出现频率最高的一个词是“专业”。大家普遍认为，这部小品的专业性很强。

我们都是表演系的学生，专业地演戏是一项基本素质。我们之所以被称赞“专业”，是因为做到了并非每个专业演员都能做到的事情：把专业的舞蹈融入到表演之中。

见惯了高手如云，却可以出奇制胜。艺多不压身。

如果时光倒流，一切都退回到决心备考“军艺”的我接到朱军电话的那个阳光明媚的中午；如果他当初说的是“名额有希望了，有舞蹈专业的名额”，后来将会怎样？现在将是怎样？

我将不必放弃已经钻研了八年的舞蹈专业，不必经历一段漫长而茫然，甚至夹杂着些许痛苦的转行适应阶段；我将走上一条平坦的道路，那条道路上没有潜藏的风险，景色也与我此前所见识过的别无二致。

但没有风险，没有未知，恐怕也就没有惊喜可言。相比之下，我想我还是更喜欢现在的我，现在的生活。从舞者到演员，看似在变换着姿势，但方向是一直没有改变过的。走在追求艺术的道路上，有时换换步调，说不定就会遇见另一个意想不到的自己。

我遇见了意想不到的自己，也独得了一份意想不到的惊喜。这份惊喜说来话长，最初还要追溯到 1995 年春天，那时我正站在“军艺”的考场上，努力在众位考官面前展现出自己最棒的状态。而在考官之中，有一束目光从那时开始关注我，那束目光就来自牛娜老师。

牛娜是“军艺”的戏剧老师，我入学后，她虽然没有直接教我，但我总去旁听她的课程，我们私下也会交流对于影视作品、对于艺术的看法和感想，对我而言，她亦师，亦友。

当时她在北京电视台的七色光艺术团教表演，艺术团请她再推荐一位老师过去授课，她第一时间就想到了我。

“谭梅，我给你介绍一份兼职吧。去七色光，给孩子们上表演课。”

我自然珍视这次机会，但仍有点犹豫。虽然做老师是我的梦想，我也读过幼师，但毕竟没有实际教学经验。但牛娜老师非常信任我，肯定了我的能力，并鼓励我一定把握住这次机会。就这样，带着老师的大力支持和自己的一份热爱，每周周日，我利用上午时间去车道沟，给七色光艺术团的孩子们上表演课。

因为这份工作本身就是我的兴趣所在，所以我备起课来格外认真。为了给孩子们排出最精彩的剧目，我做的功课不只翻书、查资料，更要利用我的专业优势，向孩子输送新鲜营养。譬如练习儿化音发音的教材里有一段绕口令："有个小孩儿叫小兰儿，提着水桶上井台儿……"如果就这么干巴巴地读，孩子们很难记住。左思右想，我决定把形体的元素融入其中，为每句绕口令都加上动作，可能孩子们跟着我做一遍动作，不知不觉就把绕口令记住了。这个方法果然奏效，我只需要示范两遍，然后不用提示，只要我把动作做出来，他们立刻就反应出对应的那一句。

在七色光艺术团的这段实践为我积累了宝贵的教学经验，让我更深刻地爱上教学，爱上和孩子们相处。我不会忘记，如果没有牛娜老师的赏识和鼓舞，我有可能没有机会，也没有勇气走上讲台。既是良师，又是益友，与她的情谊是一笔我永远珍惜的财富。

1995 年央视春节联欢晚会和主持人许戈辉在一起。

致北京，也致我们自己

我还是演不了女一号，就像跳群舞时当不上领舞。

在“军艺”排演集体剧目，我几乎从没做过女主角。不必说声音条件偏向童声，在表演时备受局限，只单纯一个“高”字就让我瞬间矮了三分。

“你不够高挑，不适合演女一号。”老师直言不讳。

先天条件所限，我无话可说。但在我看来，这算不上什么挫折。遥想“兰战”，八年的绿叶都熬成了小孔雀，总有一个适合我的机会在某一个远方等候。我愿意继续稳扎稳打，一步一个脚印向它走去。

果不其然，踩在“军艺”学习生涯的尾巴上，我终于等来了一个非我莫属的角色——《山妹子》里的“山妹子”。

《山妹子》原是为了完成小品课的作业而准备的，当时我和搭档尚大庆从各自的真实经历里搜索可用的素材。他说起下乡放电影的经历，我立刻就被吸引住了。

部队下到农村去放露天电影，电影放完，男女老幼提着凳子、拎着水瓶，意犹未尽地相继散去，只剩下一个小姑娘还坐在她的小板凳上不肯走。

“姑娘，电影放完了，回家吧！”部队战士一边收拾设备一边提醒小女孩。

她却什么反应都没有。

战士们面面相觑，猜想她可能是位聋哑人。于是又是喊话，又是比画，可她就是没有一点回应，双眼直直盯着放电影的机器，好像除了那台机器，全世界都和她没什么关系。

战士们正束手无策，她忽然开口了：

“大哥哥，再给我放一遍呗。”

“啊？”大家没反应过来。

“大哥哥，再放一遍刚才那个电影行不行？”

“为什么要再放一遍呀？”

这个小姑娘非但不是哑巴，而且能说会道，她说看见电影里有人跳舞，很羡慕，她也要去考舞蹈学校。

战士们觉得她完全是在胡闹：“你想考舞蹈学校？别做梦了，赶快回家吧。”

那姑娘却一把抱住机器，说什么也不让战士们收起来：“大哥哥，你就再给我放一遍吧，就放一遍。看了电影，就能学她们跳舞，我学会了，就能去考舞蹈学校了……”

战士们这才知道她是真心想学舞蹈的，但是部队有纪律，等再放完一场电影，早就过了集合时间了。

那姑娘摸出一张皱巴巴的报纸给战士们看：“这是我们村东头的大哥去城里打工带回来的报纸，你看这儿写的，舞蹈学校要招生，你看——”

“那你有钱吗？你怎么到城里去呀？”

“你等等，”她从棉袄里掏出来一个小布包，展开一层又一层，最后露出来的全是零零散散的毛票子，“这是我缝衣服、卖鸡蛋换来的钱，攒了大半年了，大哥哥，你们看够不够……”

电影没有为她再放一遍。

尚大庆说，这是很久之前的事了，但是他一直耿耿于怀。如果不通过什么方式把这段故事讲出来，他可能这辈子都无法放下。

当天他们几个战士好说歹说把那位姑娘劝回了家，姑娘走的时候肩膀在抖，不知道是不是在抽噎。

事情就到此为止，再没了下文，也不知道那姑娘后来怎样了，有没有去考舞蹈学院，考上了没有，现在还是不是像当初那样强烈而纯粹地热爱着舞蹈。

“要不是有集合时间卡在那儿，我还真就能把那电影给她重放一遍。”

我们都觉得，这个小姑娘的角色，就是为我量身定做的。

我们把这个故事编成了小品，编写过程中几乎没有阻滞，一气呵成。小品的结局改为电影放映员终于被小姑娘感动，答应给她再放一遍。小姑娘看着电影，热泪盈眶，放映员提醒她：“快学呀，你快学她们跳舞呀。”她如梦初醒，然后一点一点学了起来，从很小的动作做起，慢慢地，幅度越来越大，最后在舞台中央飞快地旋转起来……小品定名为《山妹子》。

艺术源于生活，高于生活。改写不了的生活，就让它在艺术里完美。

下一节表演课上，我们在同学和老师面前表演了《山妹子》。

为我们上表演课的是冯继堂老师和姜命夏老师，在“军艺”，能成为他们的学生，一直令我深感幸运。我们 95 戏剧大专班是非常优秀的集体，在历届看来，都是作品产出数量最多、在全军拿奖也最多的一个班级。而我们之所以能屡创佳绩，这两位老师功不可没。是他们不断把各项文艺比赛的信息传递给我们，鼓励我们踊跃报名；精心帮助我们完善每一次作业，使作业进化为作品，我们才总是能够带着最充分的准备登上舞台，在一场场比赛中获得锻炼、争得荣誉。

“这个小品底子不错，主题也好，有潜力可挖，再改进一下，可以拿去参赛。”两位老师的鼓励让我们精神一振。当时正值全国小品大赛，老师便准备推荐《山妹子》参赛。

老师很快着手帮我们加工《山妹子》，逐句台词、逐个动作去打磨和完善，经老师指导，小品得到了全面的提升。而我觉得，不能全部依赖老师，作为小品的女一号，我也必须全力以赴，把自己能够提升的部分强化到极致。怀着寻求高人指点的念头，我想到了在“兰战”指导我最后一支双人舞《鼓情》的马承魁老师。当初他是从中央民族大学被请到兰州去的，而他本人在北京工作。舞蹈是《山妹子》的点睛之笔，动作虽少但必须精当，如果能请他指导一下，那真是再好不过了。

我们去拜访了马老师。

“老师，我要演一个小品，最后有一段舞蹈，我设计了几个动作，您帮我看一下吧。”

我把最后那段舞蹈跳了一遍，我一边跳，尚大庆一边为老师解释小品的主要内容。

“这个小品是讲述一个农村小姑娘去看部队下乡放电影，看到里面有人跳舞……”

老师听过后连连点头：“不错，立意很好。”

在马老师的指导下，我们把小品最后的那段舞蹈进行了改进。拜别老师之后，我们都信心满满，为即将参加全国性的大型比赛而激动不已。

历经各位老师的层层把关、重重调整，《山妹子》终于准备就绪，不仅代表95大专班，更将代表解放军艺术学院参加全国大赛。一路走来，包括同学邵峰、班长王冬在内的越来越多的战友都为这个作品忙碌起来，有人帮忙放音乐，有人帮忙拿道具……至此，这部小品已经成为每一位为之贡献过力量的师生共同的成品，而作为有幸集众人之力，最终在舞台上呈现集体智慧的我，既带有苦磨一剑终将出鞘的激动，又有一份使命感油然而生。

经老师推荐，《山妹子》参加了全国小品大赛，1996年又有幸呈现在央视舞台上。这部作品荣获央视第三届全国小品大赛的一等奖，而我也凭借“山妹子”这一角色获得了最佳女演员奖。为此，“军艺”特别授予了我个人三等功，对一名军人而言，这是莫大的荣誉。

当时央视播出了一个广告，一位穿红袄的小姑娘在广阔的舞台上旁若无人地舞动、旋转。这广告的名字叫《心有多大，舞台就有多大》。这个创意与我们的《山妹子》不谋而合。梦想，总是可以轻易触动人们心底最柔软也最坚定的地方。

捧着奖杯，我激动的心情难以言说。这是一份荣誉，一段难忘的宝贵经历；是对我两年“军艺”学习成果的总结和肯定——从舞者，到演员，其间经历了多少辗转和磨炼，个中滋味没有人比我更清楚；这更是属于我们95大专班的一份美好回忆。一部成功的作品离不开来自团队的强有力的支撑，《山妹子》的排演及参赛始末更加生动地证明，虽然我们班共计不过十几号人，却无疑是一个紧密团结的大家庭。

毕业后直到如今，当年的同窗从这个团结的大家庭走出，在文艺界各展所长，都有所成就。我们的老班长王冬，放弃留京的机会，重返新疆军区继续发光和热；邵峰，多次登上央视春晚的舞台表演小品；买红妹，不断在影视作品和综艺节目中贡献精彩表现；成都军区的袁弘和空军话剧团的程鹏，都成为了业内知名制片人；还有广州军区的舒晨，现在已经是知名的编剧……虽然早已不能聚首在课堂之上，但班级的凝聚力始终都在，同学们也一直保持联系。看到班上同学在各自的发展道路上不断创造辉煌，我由衷为每个人感到高兴，也为自己曾是那个优秀集体的一员深感骄傲。

当年，取得了巨大成功的《山妹子》成为了我考取中国人民解放军海军政治部歌舞团的敲门砖。

中国人民解放军海军政治部歌舞团简称“海政”，培养造就了几代海军歌舞艺术人才。“海政”的演员，在国家和军队的大型晚会中参演人数最多，在弘扬民族文化、繁荣文艺创作、对外出访交流、宣传中国形象等各个方面都发挥着重要作用。

央视小品大赛结束之后，属于我的毕业季也即将来临。离开“军艺”之后，我将何去何从？度过了两年相对确定的生活，前方的世界再度充满了不确定性。毕业的日子一天一天临近，我宿舍里的东西基本都已经搬到了和朱军最新租下的五棵松附近的房子里。

某一天，朱军对我说：“你去考考‘海政’吧，吕继宏说可以帮忙联系一下。”

当时吕继宏是“海政”演员队的队长，和话剧团也很熟悉，在他的帮助下，我很快收到了前去考试的通知。

时间紧促，从朱军对我提起，到真正站在考场上，前后不过短短几天的时间。我不禁感慨考试和人生一样，有时根本来不及准备，每次机会只放送一次，没有彩排，全是现场直播。

考“海政”时朱军为我搭戏。

历史惊人地相似，和考“军艺”一样，这次考试的小品又是一波三折。

我选择了在“军艺”期间创作的一部讲述日本夫妻家庭生活的小品，这是一部双人小品，和我搭档表演的是班级里的同学。好不容易联系上他，但他当时正在下部队演出，又赶不过来。

怎么办呢，第二天就要考试了，我总不能一个人演双人小品吧。最后还是老公挺身而出：“没人搭戏，我给你搭。”他从前看过这个小品，印象还颇为深刻，一天一夜，他拿出主持人背台词的硬功夫，把情节牢牢记在了心里。我们本就是夫妻，表演起来不用酝酿，直接入戏。吕继宏也前来助阵，还当起了我的音响师。

考试中，我跳了一段藏族舞蹈，唱了一首陕北民歌，吕继宏就在后台拿着一个小录音机，帮我放了所有伴奏音乐。

考试结束后，周振天团长开玩笑说："谭梅，咱们能不要你吗？《山妹子》获了全国大奖；吕继宏，在我们这也是个'腕儿'了，他给你放录音机；朱军，在央视崭露头角，春晚都主持过一届了，他给你搭戏——你说我们怎么能不收你呀。"

我就这样被顺利地口头录取了，但正式的工作关系却一直没能转过去。时间一个月两个月地飞逝，"海政"那边没了消息，我去问，也只是收到"再等等"的答复。我就在无尽的等待中迎来了毕业。

毕业后，我的关系又全部转回"兰战"，但我是决心要扎根在北京的。兰州不能回，在北京又没有工作，毕业即失业，一向闲不住的我陡然成了守在家里、没处可去的无业青年。

焦虑和恐慌接连找上门来，我很不舒服，因为我停下了，止步不前。工作、事业，全像一盘散沙，原地踏步的人没有方向可言。

当时，只要哪位"军艺"的同学来联系我，说"我们这边有个演出，你来帮帮忙吧"，我就统统一口答应下来。哪怕只是友情出演，没有报酬，我都说："好，我一定要去。"我就是不想让自己就这么停下，原地不动了。

这样纠结的日子持续了半年，直到第二年夏天，"海政"正在筹拍电视剧《波涛汹涌》，我才得以以借调的方式加入"海政"，片子拍完，我的所有关系终于转到了北京。

我终于留在北京了！

全部手续办妥的那天，我和老公在家里摆了一桌小型盛宴，我们两人对坐畅饮。

桌子不大，桌上高低错落挤满了剔透的空酒瓶。看着瓶底的残酒在灯光的映照下亮成一片，我恍然回到了考“军艺”之前那个摆谢师宴的晚上。

一转眼，四年的时光就这样一晃而过，这一路锲而不舍地折腾，终于让北京认可了我们。窗外明月高悬，我举起酒杯，致北京，也致我们自己。

致北京，也致我们自己。

D A N C E

谭校长说

为不同年龄段的孩子，做出最明智的选择

下定决心要在八八空间放飞孩子艺术梦想的家长们，面对细致完备的课程表，经常会发出这样的疑问：“课程的种类这么多，孩子应该选哪一个？”

孩子的精力是有限的，时间更是宝贵的，因此，在有限的时间内为孩子选择最适合学习的课程就尤为重要。那么，究竟学习什么样的课程能给孩子的成长带来最大的帮助呢？

就像补钙有助于强健骨骼，补锌能促进人体的生长发育，补充维生素可以维持和调节机体正常代谢，舞蹈、音乐、表演，也像营养素一样，都是孩子茁壮成长的必备要素。身为艺术教育工作者，就是以为孩子调配营养为天职，而在搭配营养的过程中，不仅要因材施教、因势利导，年龄也是一项非常重要的参考指标。我建议家长最好根据孩子的自身年龄，选择最适合他们的舞蹈、音乐和表演课程。

八八空间拥有全职艺术教师上百名，汇聚了舞蹈、声乐、语言类等艺术领域的最强阵容。老师们了解不同儿童的心理，能针对不同的学员，耐心、专业地进行个性化培训。在设定课程时，八八空间针对处于不同年龄层次的孩子，遵照科学规律，分层、分级、分阶段设置对他们身心成长和艺术

进阶最有利的舞蹈、音乐和表演课程，力求为他们的人生奠定最坚实的艺术基础。

舞蹈方面，4至7岁是进行舞蹈启蒙的最佳年龄，八八空间也为处于这个年龄段的孩子们提供了最细致的舞蹈课程。

少儿中国舞，初、中、高三级，对应4至7岁不同年龄段，按部就班，系统练习。

民族民间舞考级班，1至3级，4至6级，7至10级，按年龄逐步进阶。自2011年至2014年，共计有超过400名学员参加考级，通过率为100%。

澳洲芭蕾，5至6岁学习PP级，6至7岁学习P级，7至8岁学习Grade1，8岁以上学习Grade2。

针对7岁以上的孩子，则开设形体梳理初、中、高三级；街舞初、中、高三级；爵士舞初、中、高三级等精品课程。

拉丁舞包含五种舞种，八八空间的拉丁舞预科班分别设有恰恰、伦巴、牛仔、桑巴、斗牛的铜牌、银牌、金牌考级班，另有拉丁形体练习班。在这里，有美感，有激情，有适度的压力和源源不断的动力。学员可以在专业教师的指导下，走过一个完整的学习加验收的过程。全国拉丁舞考级，自2009年至2014年，八八空间累计有超过1000名学员参加，通过率为100%。

声乐方面，4至5岁可以学习小百灵歌唱，培养良好的音乐感觉；6至8岁可以参加童声训练初级班，该课程遵照《中国音乐学院童声考级》教程进行教学，可以帮助学员培养专业素养；6至8岁还可以报名参加视唱练耳初级班，在大量的实践训练中锻炼音乐能力。随着年龄的增长，学员可以逐步升入中级班和高级班学习，由浅入深，升堂入室。童声考级，自2011年至2014年累计有近700名学员参加，通过率为100%。

语言方面，4至6岁的学员可以参加寓言故事班，7岁以上可以进入成语故事班、口才演讲班、童话剧班；9岁以上则可以根据兴趣选择进入小记者班或摄影技巧班进行学习。

细分课程的宗旨在于适应各年龄阶段的特点，根据儿童、青少年骨骼生长和身体发育的自然规律，精准定位，循序渐进，既不会急于求成、揠苗助长，也可以避免浪费孩子的时间和家长的金钱。

创造了魔法世界的J.K.罗琳借作品中人物之口道出："决定命运的不是能力，是选择。"为不同年龄段的孩子，做出最明智的选择，可以使艺术学习事半功倍。

无论如何，学习艺术的孩子总是充满自信的。作为他们的良师益友，我们八八空间要做的是教给他们一句"芝麻开门"的咒语，带他们走入艺术的宝库，为他们提供最专业的指导，并充分尊重他们的兴趣和意愿，放他们自己去发掘宝藏，并受益终生。

第四章 | 与其沉默，不如跳舞

LEAD DANCER

走出沉默的螺旋，回到全新的原点。

本色出演，是作业不是作品

一个夏秋之交的午后，风也好像昏昏欲睡而忘记了流动。在一片郁热之中，西安市某家商场迎来了一个电视剧摄制组。

剧组来买道具，一行人中，一对年轻男女显然就是选购服饰的演员。年轻的女演员穿了一双高跟鞋，手里拎着小巧的手提包，长发在脑后束成马尾，正在卖靴子的专柜前聚精会神地挑选。

一个黑影在不远处紧张地注视着她的一举一动。

她选好了一双靴子，店员热情地带她坐到沙发上试穿。她把包放在身旁，低头去换鞋。就在此时，那个蓄谋已久的黑影从她身边一闪而过，慌张之中还一脚把她的一只高跟鞋踢得好远。

她皱着眉向那个人看了一眼，只见他穿着一身黑衣黑裤，戴着宽檐帽子，正故作镇定地压低了帽檐向商场出口快步走去。

她警觉地低头一看，自己的手提包不见了。

光天化日，朗朗乾坤，这种事情居然又发生在自己身上。这些妄想不劳而获的人简直太可恶，如此顺手牵羊，会给别人带来多大的损失，又会给社会造成多么严重的危害！

她十几岁就进了军营，在部队里练就了爱憎分明的个性，本来就对小偷小摸的事情一向鄙夷，更不必说这事情就发生在自己身上。

没有不知所措，也没有大呼小叫，她镇静地站起身，一只脚蹬着刚试穿上的靴子，另一只脚还蹬着高跟鞋，就这么一脚高一脚低地追了过去。

“把我的包拿来。”她几步追上那个黑衣人，一把抓住他的胳膊。

那个人身体一颤，回过头来不可置信地看着眼前的这个弱女子，眼神里有一点惊慌，还有一点点的凶狠。他不自然地把紧绷的身体向后扭，怀里面果然护着一个女式手提包。

看到自己的包，她更加生气，加重语气把话重复了一遍：“那是我的包，还给我！”

同组的男演员发现事情不对，已经跟了过来，商店的营业员和保安也向这边聚集，黑衣人四下看看，也知道自己跑不掉了，烦躁地撇了撇嘴，一甩手，把包扔了回去。

保安走上前来，拦住他的去路。她检查了一下包里的东西，对保安摇了摇头：“算了。”

那个黑衣人在对他指指点点的人群中挤出一条路，灰溜溜地消失在了商店门口。

剧组的人围上来：“谭梅，你真是让咱们刮目相看啊，这么冷静，也不喊，也不叫，自己就敢冲出去了。”

这个女演员就是我，但我不是在演戏，那个小偷也不是演员。

为这件事情，我被老公批评了一通：“万一那个小偷掏出一把刀来，你怎么办？”

想想我也觉得后怕，可是当时并没感觉到什么，可能是愤怒驱散了恐惧，正义感占据了制高点：包是我的，别人偷走了，我当然要拿回来。感到害怕的应该是偷东西的人，而不是我。

我不只是被窃者，更是一名军人。军人正气凛然，怎么能向不法分子低头？

这时我已经进入海政文工团，成为一名海军，也成为一名影视演员。

如果要用一个词来形容海军，我会选择：帅气。

对于习惯了西北陆上部队模式的我而言，海军生活带来的是全新的体验。走到哪里，看在眼里的景观是日常生活中基本见不到的威武军舰，摆在餐桌上的是近水楼台的生猛海鲜，就连文艺表演时排练的节目、跳的舞蹈，内容都是全然不同的。

当然也有并不那么神气的时候，因为我会轻微晕船。

乘军舰出海的前一晚，我会格外注意早早睡觉，即便没有困意也要躺到床上闭目养神，就是害怕休息不好，第二天到了船上身体闹起别扭，把自己折腾得狼狈不堪。

听老兵说，大多数新出海的水兵都会有晕船的感觉，如果情况不严重，一般可以靠自己克服。我是文职人员，不必每天在海上漂着，但偶尔几次晕眩还是称得上惊心动魄。

印象最深刻的是第一次出海。登船后我一直在船舱里，兴奋占据了头脑里绝大部分的空间。坐船是什么感觉？跟坐火车、坐飞机有什么不一样？在等待里，时间变得格外漫长。

“开船了！”身边的人对我说。

已经开船了？我难以置信地瞪大了眼睛，可能是太紧张了，竟然完全感觉不到。

走出船舱，海风拂面，以远方海天相接处做参照，这才有了正在海上远航的实感。

好美。我心旷神怡地走到甲板上，低头向下看，海水在船尾翻起洁白的浪花，我们的船就像拉链拉环一样，水面在船头被划开，又在船尾合拢。

我就这样盯着海面看，越看越觉得海水深邃，水下世界深不可测。

我正行驶在大海横截面的最上层，阳光洒在甲板上，也洒在海面上。但阳光最多只能穿透到海平面之下几百米而已。如果从这里向下坠落，光线恐怕很快就会消失，然后视野之内会越来越暗，越来越暗，最终我将在无边的黑暗中永无止境地向下陷落，上下，周围，都被漆黑的海水紧紧包裹，除了顺遂地心引力的召唤向海洋最深处下坠，我别无选择……深海里大概潜藏着无数奇形怪状的生物，在越深处生活的海洋生物体型就越庞大，形貌也越古怪清奇。当下潜到一定深度，虽然我什么都看不见，但可能一睁眼，在咫尺之遥的对面，就静静瞪着一个比我躯体还巨大的、布满血丝的眼睛……

这个恐怖的画面剧烈地刺激着我所有的感官，一个冷战传遍全身，好像无形中已经有那么一只眼珠凸出、全身遍布斑点和倒刺的巨型海怪带着深海里的死亡气息跃出水面，攫住我的内脏，扼住我的咽喉，让我的心跳出胸膛，只能张大嘴巴，却根本喘不过气来。

光天化日之下，我被自己丰富可怕的想象力吓得毛骨悚然。

虽然无论是从科学角度还是实际角度出发，我所遐想的事件都不可能发生，但全身的寒毛还是久久竖立。我不敢再向海水多看一眼，像逃命一样跑回了船舱。

“你怎么了？”见我的神色不对，舱里的人问道。

我摆摆手刚想说句没事，结果一阵恶心冲上喉头，赶快捂住嘴巴才抑制住没呕吐起来。接下来接近一个小时的时间里，我都只能瘫坐在椅子上，死死抓住把手，紧闭双眼忍受一波接一波袭来的晕眩。

第一次坐船，也是第一次晕船。

这些经历，连同从前“兰战”军旅生活的点点滴滴，都存入了我在表演时随取随用的素材库。

影视演员的生活并不像影视剧里那么丰富多彩，可以说，演员这份工作并不轻松，甚至是非常艰苦的。

接了戏的时候，生活的常态就是随着剧组四处奔波，可能大半年的时间都进不了家门。这种背井离乡的生活方式曾令初入“海政”的我颇不适应。原本是为了一家团聚才学的表演，没想到真正成为演员后，我反而变成离家在外的那个人，真叫人不由感叹一句“世事无常”。

初到“海政”，最盼望的事情便是能接到一部在北京拍摄的戏，结果戏没等来，却首先等来了部队的一场大型汇演。

在排练最辛苦的阶段，每天都累得一句多余的话也不想说。某天排练结束后，拖着疲惫的身躯回到家，换完衣服就坐在沙发上小憩。

老公走过来，坐到我身边：“梅梅，我妈过几天要过来看咱们。”

听到这句话，我的第一反应是：糟糕，请不了假。

婆婆要来北京，我当然要陪她四处转转，游玩一番。但这场汇演非常重要，又是我到“海政”后的第一次大型演出，如果在彩排时请假，恐怕会影响正式表演的效果，我初来乍到，实在开不了这个口。

我很忙，但老公比我更忙，两个大忙人顾不上照应老人，怎么办？

最后我只陪了婆婆很短的一段时间，无非是午休时和她一起吃顿饭，聊聊天，还要盯着手表，时间一到，就要赶回去排练。

自从到了北京之后，我们夫妻两人就像这座繁华的都市一样，一刻不停地运转着。为了事业，为了梦想，我们的步伐越来越快，即便心里万般不情愿，有些时候还是难免把亲情落在了身后。物质上的贴补终归填补不了精神上的空缺，找不到时间好好陪伴家中的几位老人，是我们心中永远也抹不去的遗憾。

这份遗憾一直延续到婆婆去世，都没有被消解。

当时我正在西安拍摄电视剧《警官的证明》，忽然就接到了婆婆病重的消息。

我向剧组说明情况："我需要马上赶回兰州去。"

工作人员却面露难色："你的戏份还不少，你走了，咱们整个组都不能开拍，一天就要损失好几十万的。"

我并非不知道这个道理，但婆婆病重躺在医院，我怎么可以不去照顾呢？剧组不肯放人，我只好一个电话接着一个电话地打回兰州，我担心婆婆，也担心老公，晚上睡不好，拍戏时的状态一落千丈。

剧组看到这种情况，终于同意放我一天的假。我就风尘仆仆赶到兰州，只有短短一天的时间，在婆婆的病榻前聊尽孝心，然后又不得不在催促中回到了剧组。

既然选择了演员这份职业，就要担负起身为演员的责任，不应该因个人私事而耽误集体的进程——道理我都懂，但人非草木，可能我真的没有那么理智，亲人在远方受病魔纠缠，我做不到若无其事、无动于衷。

我回剧组后不到一个星期，婆婆就走了。

收到这个消息，我一秒都没有迟疑，直接去找了导演。

"请在最短的时间内把我的戏份全部拍完。"我的语气平静却坚定。

导演知道了缘由，表示理解，又宽慰了我几句。和剧组协商之后，我在接下来的24小时之内不吃不喝，没有睡觉，节省下一切时间把我在这部戏里剩余所有的戏份拍摄完毕，然后一刻不停收拾东西离开了剧组。

回到兰州时，还是凌晨。我独自一人在淡薄的晨光里做了一个深呼吸，忽然有丝丝缕缕的沉重感浮上心头。成为演员之后，一个人背后站着一整个剧组的工作人员，戏里戏外都不那么自由。以后还要度过多少个像这次一样通宵赶工拍完全部镜头的不眠之夜呢？或者，还要因为这种身不由己的日程作息而在人生中留下多少遗憾？此刻，“演员”二字悬在我头顶，竟变得无比压抑。

我带着这份难以名状的沉重感把老人家送走，时间或许可以慢慢冲淡亲人离世的哀伤，但我始终无法忘记那天熹微的晨光，以及在那晨光里思考过的问题。

在一个个角色的喜怒哀乐和爱恨情仇里穿梭来去，在一部部空间不同背景迥异的戏里倒时差、做调剂，我渐渐适应了演员的生活，也适应了演员生活的辛劳和不易。

拍戏的时候，从凌晨上妆到半夜收工，一整天都要活在角色的身体里。可能道具皮鞋的质量不佳，走几步路脚上就磨出光亮的水疱；可能拍年代戏需要穿着旗袍，怕出褶皱，一整天都不能坐，站到小腿水肿。各种情况都有可能发生，但无论怎样，一旦被镜头对准，听到导演喊“开拍”，情节以外的一切就都不复存在。

我是不怕演哭戏的演员。在需要流泪的剧情里，面对镜头，我的眼泪可以“唰”一下就滑落下来。这倒并非得益于在“军艺”期间对演技的磨砺，因为在面对镜头时，比起“表演”，我更像是在“表达”，就像从前做旁白、演小品，我都是用真情实感去打动镜头前的人，调动自己的情感，完全沉浸其中，再把这种最纯然的状态原原本本地表达出来。

我时常庆幸自己拥有出众的表达能力，无论用舞蹈来表达，还是用语言来表达，我总是能找到最合适的一个姿态、表情和语气，去感动外界，打动我对面的人。或许这就是情感丰富、心思细腻的好处，不需要捏造笑靥或是泪花，需要什么情绪，从自己的情感库里调度就好——我一直在顺利地完成“本色出演”的工作。

但我一直在等一个用“本色”出演不了的角色，那可能才是真正适合我的角色。

《天使在线》《红杏出墙》《水兵俱乐部》……在现代片里演一位妻子，在古装片里演一位夫人；在文工团的戏里演女兵，在水兵团的戏里演女水兵——有句话叫作“距离产生美”，当戏和人生距离太近，当角色就是本色，我还能怎么突破？

接下一部又一部的影视剧，同时辗转于不同的剧组之间，作为海政文工团的一员，我兢兢业业地完成演艺工作，参演、客串，忙得不亦乐乎。

可从某种意义上来讲，这段最忙碌的日子，偏偏又只是空白一片。

我的心里埋藏着一个愿望：等到自己有足够的能力，我希望创作出一部自己编导的电视剧，为自己量身定做一个角色。那个角色可以是对我本人完全的颠覆，可以苍老，可以不漂亮，我只希望能够通过这样的一部作品把自己的优势释放出来，让这部戏成为我的代表作。或许这个梦想还需要假以时日才能实现，或许实现的途中横着重重困难，但我不会放弃。这大概是每个演员都怀有的梦想，在一部最适合自己的作品里献上最满意的表现，算作是亲自执笔，为自己的演艺生涯画龙点睛。

《天使在线》剧照

《波涛汹涌》剧照

《水兵俱乐部》剧照

1998年与导演翟俊杰一起拍摄《西藏风云》。

《西藏风云》经历了极其艰苦的拍摄过程。

用一年的时间脱下军装

2001年金秋时节，照例是一年一度下部队的时候。

明明前一天晚上还说要送我去单位，可出发当天，老公忽然变了卦，吞吞吐吐地拖延着时间："能不能不去啊？"

"为什么？"我不明就里。

"最近你休息得不好，这次又是去福建，那么远，太辛苦了……"他好像有什么难言之隐。

"下部队一年就一次，我不去……实在说不过去。"

见我去意已决，他也没有再强求，把我送到了单位门口。

我提着行李去队伍里集合，一转头看到他正和政委悄悄地说着什么。

"哦？好事啊！"政委笑容满面。

什么好事？我在心里画下了一个大大的问号。

接下来一路上，这个问号就像气球一样被越吹越大。

车门口，我正要把行李搬上台阶，忽然被政委一把拦住，他招呼着远处的小战士："小王，你过来帮谭梅提一下行李。"

坐着车，身边的同事又关切地问："你晕车吗？难受的话我这里有晕车药。"

"我没事，你这是干嘛呀？"

“政委吩咐了，要多照应一下你。”

我更加摸不着头脑：“照应我？为什么？”

她摇摇头：“他没告诉我，不知道。”

我狐疑地探出头看了看坐在前面几排的政委，他坐得端正，只留给我一个高深莫测的后脑勺。

就这样，我揣着满腹糊涂到了福建，一路上都享受着“国宝级”待遇。最初一切顺利，但上午的表演刚一结束，毫无征兆，呼吸不受控制地急促起来，胃里面翻江倒海，一阵恶心袭来，我急忙奔向了洗手间。

我怀孕了，
朱军竟然未卜先知。

干呕了一阵之后，我捂着嘴巴出来，政委正在外面找我。

“都怀孕的人了，还不知道注意自己的身体。”

我怀孕了？我怎么不知道？

“朱军送你来的时候就和我说，你可能怀孕了。”

我也顾不上吃午饭，马上就跑去医院检查。

是真的。

我颤抖着双手给老公打电话：“我怀孕了！”

电话那边的声音比我还兴奋：“真的吗？真的？”

“真的，刚去医院检查了！政委说你早知道了，你怎么知道的？”

“直觉呀。”

我自己都没有感觉，他竟然能未卜先知，或许这就是父子之间注定的缘分吧。

更奇妙的事情还在后面。

儿子的出生时间是 2002 年 6 月 26 日 16 点 46 分，体重是 6 斤 6 两，我们母子住的是 166 号病房——这个上天赐给我们的小天使，从一出生就和在中国传统文化中象征着和谐吉利的数字“6”结下了不解之缘。如此凑巧，真是容不得我们不小小地“迷信”一下。

老公把从前给我的昵称“毛头”转送给了我们的儿子，而我的新昵称则升级为“孩子他妈”。

毛头的大名是老公苦心思虑的成果。他钟爱“思”字，又想到我们家姐妹三个，生了孩子都要随别人的姓氏，就想在儿子的名字里体现一下“谭”字。“潭”和“谭”同音，而且潭水幽深宁静，别有一种静水流深的气质——朱思潭，这个名字便诞生了。

有了宝宝之后，就像小说中写的那样，每个早晨都是从半夜开始的。

我们再也不能安稳地睡上一整夜，往往做一个梦都要被哭声打断好几次。在经历了最初一段手忙脚乱的适应期之后，我们被训练出了闻鸡起舞般干脆利落的本事，宝宝的哭声就像是战斗的号角，就算睡得再熟，只要洪亮的号角一响，我们立刻就能进入作战状态，盖被子、喂奶、换尿片，比身经百战的将军还要泰然自若。

最忙乱的一段时间，终于还是平稳度过，在此期间，我亲爱的妈妈功不可没。

我怀孕的喜讯一传到家里，妈妈就从西安赶过来照顾我，毛头出生后，我和老公都要忙工作，襁褓里的毛头又是被她一手带大。

妈妈常说："毛头 1 岁，我就在北京待了 2 年；他 2 岁，我就待了 3 年。我来北京的年头就是毛头的虚岁。"

有时我忍不住向老公感叹："现在我终于知道小时候为什么妈妈对我们那么严格，做母亲，真是太不容易了。"

看着妈妈无微不至地照顾外孙，就仿佛见到了当年她抚育我的情景。那时父亲常在外地，妈妈独自照管我们三个小丫头，把每一个孩子都教育得懂事明理、打扮得精神俊俏。我们全院都流传着一个佳话：谭家妈妈有三千金，一个比一个漂亮。

老公往往会顺着这个话题接下去："是啊，妈一个人带孩子多辛苦，毛头还要等两三年才上幼儿园，你是不是也考虑一下，回到家里和妈一起照顾毛头？"

自从宝宝出生，他每隔一段时间就会把这个提议念叨一遍。我懂得他的心思，他是觉得我从前吃了不少苦，现在条件好一些了，又有了孩子，不如就不要再出去工作，干脆回到家里做个全职太太，把重心转移到家庭，享受一下生活，没事带着妈妈出去转转，领着儿子到处玩玩，也不错啊。

我动摇了。

令我动摇的不只是他的建议，还有我自身演艺工作上的状况。

毛头出生之后，我开始担当起一个全新的角色：母亲。初为人母的感受，正如艺术家萨拉·沃克所说："成为母亲就像是在你平常居住的房子里发现了一间全然陌生的房间。"

大脑研究专家表示：成为妈妈之后，女性大脑灰质的浓度上升，包括情绪调控区、同情心相关区域、母爱驱动区域等在内的多个大脑区域都会出现变化，这些变化导致在孩子出生之初，妈妈们会无法控制地产生想要照顾孩子的强烈欲望，会不由自主地一直担心孩子的情况，反复想着孩子是否健康，是不是生病了，饿不饿之类的问题。

这就是母性的力量，这样的变化使我一刻都不想离开自己的宝宝。

身体恢复、回到工作岗位之后，我接戏的条件变得苛刻起来：档期越短越好，戏份越轻越好，能在北京最好……要求谈到最后，连我自己都觉得过意不去。

但即便过意不去，却也只好如此。宝宝和我之间以一根无形的脐带紧紧相连，我真的不能再像从前那样了无牵挂地在外地一拍戏就是几个月了。别说几个月，就是离开宝宝个把小时，我的心思也早就像离弦的箭一样，飞得看不见了。

直到毛头成长到3岁，上了幼儿园，我才稍微清闲下来，从怀孕开始，三四年的时间里，我的工作量无可奈何地递减，推掉的片约越来越多。每一年年终岁末之际，"海政"都要召开一个年终总结会，大家欢聚一堂，把自己过去一年的主要活动和贡献在人前分享。

从前如鱼得水的境地，如今却变得愈发难熬。

战友们都大大方方地总结在过去的一年里拍了什么戏、跟哪位导演合作过、获得了怎样的奖项……轮到我做总结的时候，作品的数量在递减，出演的又都不是重要角色，每一年的自我总结，我都不知道该如何下笔。

这把椅子，我坐不住了。

我是一个有自知之明的人，虽然战友和我见面，聊得最多的都是恭贺喜得贵子、讨教产后恢复方法、交流育儿经这一类的话题，工作方面的滑坡也并没有谁说过什么，可是听不到警钟被敲响，我反而更加心慌。

从小到大，我早已经习惯了对自己严格要求。我的脑海里面总隐隐浮现出一张严肃的脸孔，用唇语说：“你已经对不起这份职业了。”耳边似乎还飘来了老公的声音：“我工作越来越忙，孩子还小，家庭需要你。”

要不就把这一身军装脱下来，结束军旅生活，开启新的旅程?

我把军装挂在墙上，从头到脚，久久凝视着。

看到帽子，就想起毛头那稚嫩的笑脸。他就像是每一位初到人世的小孩子一样，对面前缓缓展开的新世界充满好奇，对我的一身军装尤其感兴趣，经常顶着一下子就遮住大半张脸的海军军帽在家里踱来踱去。

他上的是海军第二幼儿园，每天早晨一睁开眼睛就问：“妈妈，今天是不是你送我上幼儿园呀？”如果得到肯定的答复，就立刻提起了要求：“那你穿上军装送我吧，你穿军装最漂亮了！”

看到衣服，我又想到了妈妈和姐姐。从我入伍开始，每次放假回家，虽然完全可以穿便装，但家里人都希望我穿军装回去。一走进文艺路小学，老师们都围过来，纷纷称赞：“你女儿真漂亮，穿着军装，多给家里争光啊！”

结束军旅生活，我心有不舍。

妈妈的笑容里有说不出的自豪，连眼角的皱纹都弯出了快乐的弧线。

看到裤子，就想到父亲那条永远都熨烫得笔直的老军裤，军人是他一生都引以为豪的身份。如果他老人家还在世，会愿意看到我离开军营吗？

这一身军装，我真的舍得脱下吗？

一家国外网站拍摄了一组创意图片，运用镜里镜外两个空间，展现出军人的第二种样子：站在镜子前面英姿飒爽、不苟言笑的军人在镜子里摇身一变，成了领异标新的朋克歌手、肌肉发达的运动达人、光彩照人的时尚辣妹。

我闭上双眼，把图片中的人想象成自己。我穿着军装站到了那面魔镜前面，可是一抬眼，镜面却起了雾，我看不清自己在镜子里的样子。军装穿久了，就长在了身上，也扎根在心里。如果让我画一幅自画像，我也一定会画出一个军装版的谭梅——这是我对自己、也是家人对我根深蒂固的身份认同。

从十几岁参军直到现在，我的兵龄已经接近二十年。延续二十年的故事，真的要画下句点吗？从“兰战”“军艺”，一路奋斗到“海政”，我现在身处的是一个无数人可望而不可即的团队。不知不觉间，我已经在这里工作了十个年头，积累下了珍贵的战友情谊，更建立起了非“海政”不可的归属感。如果离开，这所有的一切，我真的放得下吗？这么多年，尽管工作单位几度更替，但始终都没有脱离过部队。部队带给我许多艰苦的日子，却也赋予了我极大的安全感。我内心的安定、知足、坦然，在很大程度上都要归功于我的军人身份。一旦脱下军装，走出熟悉的军营，到了陌生的社会，我究竟有没有能力开辟出一方自己的天地？

纠结和困惑萦绕在心头，留下的理由有千千万万，但离开的理由一样掷地有声。

老公说："咱妈一天一天老了，是不是也该抓紧时间，带她多走出去看看？"

军人是不可以出国的，而带妈妈走出国门看看外面的世界，是我多年以来始终未竟的心愿。

我眼前瞬间浮现出了从剧组赶回兰州送婆婆最后一程的情形，想起那天熹微的晨光，以及在那晨光里思考过的问题。

如果一直这么忙下去，尽孝是否还来得及？

包括将来，毛头长大之后，我也是一定要带他走出去拓展视野的。而且，我自身也渴望能获得出国学习和交流的机会。毕竟世界之大，还有那么多的地方，我没有去见识过、学习过。

穿着军装就不能出国，想要出国就必须转业，一切有得必有失，也是有失才有得。

去，还是留？这场势均力敌的鏖战在我的心里面打了整整一年。

某一个休息日，我守着落日余晖，看夕阳在远处一寸一寸躲进地平线里。独自一人的时候，思路似乎特别容易被梳理清楚，漫天火烧云兀自绚烂，时间和记忆绞作一团，在身边静静地翻滚过去。

在"海政"这十年，是我最轻松的十年。

在"兰战"也好，"军艺"也罢，我的姿态总是在奔跑，在追赶，总有一个更高的目标在前方吸引着我，敦促我不可懈怠、乐此不疲地追求下去。

但"海政"似乎已经是这一路追求的顶点，也是终点了。我像是参加短跑比赛的运动员，撞线之后仍旧惯性地向前冲，实际上却已经漫无目的。

海军副团级女干部，专业的影视演员，该获的奖基本都拿了，又当了妈妈，我所希求的似乎已经全部得到，再找不回驱使着我像当初拼尽全力闯入“兰战”，或是不顾一切要到北京一样全心全意奋斗的动力。

这是一段沉默的日子，虽然脚步放慢了，但我不想就此停下。

儿子还小，老公又正处在事业发展的上升期，我仍然不能长期外出接戏，自我评价依旧难以下笔，年终总结会也还是如坐针毡。如果留在演员的岗位上，我的心里面会一直不安。

那么就不做演员了，我做编导，给我们的队伍编排和指导一些作品，转向幕后？可是却又觉得，这真的不是我发自内心最想要做的事情。

望着窗外，在昼与夜的交接点，我努力让自己完全沉静下来，然后找到自己的声音，虽然微弱，但依旧在心底深处真切地响着。那个声音不断诉说着我真正想做的事情，提醒着我那个始终不曾淡去的梦想。

小时候，妈妈带班上的学生回家里补课，我就坐在他们对面，一抬头，晚霞在她们逆光的剪影上勾了一道耀眼的金边。

在“兰战”，每天训练结束后，倏然安静下来的练功房变得格外宽敞，西下斜阳照进半掩的窗，满堂通红像是家里阳台黄昏时分温馨的模样。

过去与现在轻轻重叠，心里的声音越来越坚定，也越来越响亮。在一片温暖明亮的橘红色中，我知道自己已经找到了答案。

这一番对未来去向的思考，看似沉默，悄无声息，实则暗涌翻滚，惊天动地。当一切尘埃落定，结论也水落石出：人生最初的梦想是做老师，毕生最爱的事业是舞蹈，我可以将两者合二为一，成为一名舞蹈教育工作者，开办一所属于我自己的舞蹈学校。

脱下军装之后，我第一次走出国门。

2015 年全家终于可以一起相聚在悉尼了。

是演员出走，更是舞者回归

2007年是万象更新的一年，军人薪金大幅上涨，军队换上了07式新军装。

新军装下发的时候，我可能是全团上下心情最复杂的人。

全新设计的军装更加漂亮，一大亮点就是胸前增加的级别资历章。级别资历章由各种略章组成，略章是勋章的简略形式，标示一个军人的资历和功勋。它就像是专属的条形码，浓缩了一位军人的全部履历。

抚摸着这片彩色的条带，就像从头翻阅我的军旅生涯。

穿上这套新式军装，我拍了一组照片。我要以这种方式，把最挺拔的身姿、最标准的军礼、最阳光的笑容凝铸在这告别的时刻。

这是离开前，最后的纪念。我知道，以后可能再没有什么机会去穿上它了。

新工资，新军装，“海政”的每一位成员都在面目一新的环境中踌躇满志。在这一派喜气洋洋的气氛中，我把一纸报告递交到了团长的办公桌上。

团长拿起报告，刚看两行就放下了：“你这是干吗？”

他的反应是我意料之中的事。毕竟这么多年，我是团里唯一一个主动打报告要求自主择业的人。

“这几年我接的戏越来越少，业务方面……”

我要以这种方式，把最挺拔的身姿、最标准的军礼、最阳光的笑容凝铸在这告别的时刻。

公元二零一四年三月二十八日
朱軍畫

“团里又没有规定演员一年非得拍多少戏，谁都没说什么，你没必要走呀。”

“其实还有一个考虑，将来我可能要带孩子出国，穿着军装走不出去。”

团长沉吟片刻：“那你可要想好了，需要正式申请，你签个字。不是我们让你走的，是你自己要求走的，你不签这个字，我们的报告不敢打上去。”

消息传开后，战友们异口同声表示不理解，她们都觉得我傻了：“这里这么好的条件，刚刚发了新军装，工资又涨了很多，你干嘛呀……”

可是我心意已定，只能与她们一一话别。

在正式申请上签了字以后，团长还是替我考虑，怕我只是一时冲动，就把报告暂时压下，多次和我说“你再好好考虑考虑”，就这样冻结了几个月的时间。

这几个月里，我要开始做老公的工作了。

知道我打了转业报告之后，他很开心：“早就应该这样了，回家照顾毛头，陪咱妈出国玩玩，享受享受生活，多好。”

可我知道，他高兴得太早了。

“那转业之后，我能不能去做一件自己喜欢的事情？”我试探着问。

“什么事？”

我把一张宣传单递到他面前。

“八八空间？这是什么呀？”

“这是我要办的舞蹈艺术社的名字。”

“舞蹈艺术社？”

我似乎听到他胸膛里传来了“咯噔”一声。

没错，我要创办一所叫作“八八空间”的舞蹈学校。我热爱舞蹈，但一个人的舞动和旋转，只是完成了我一个人的梦，还有无数像多年之前的我一样的小孩子，他们或是心怀一个翩翩起舞的梦想，或是还在文艺大门外踟蹰张望。我想带他们走进那扇门，把舞蹈曾经带给我的美的陶冶传递给他们。与其沉默，不如跳舞，我不仅要在我自己的空间里起舞，更要为热爱文艺的孩子们开创一个造梦、追梦的空间。

对八八空间的筹划，其实从 2006 年就开始了。现在递到老公手里的宣传单，就是在这一年间断断续续设计的成果。

“你知道的，我不能就这么闲在家里。毛头已经在上幼儿园了，他在家的时候，我照顾他，但他一去幼儿园，我就没事做了。”

我愿意把生活的重心向家庭转移，但不想就此困居在厨房和客厅连缀而成的孤岛上。如果真的和外界隔绝，开始原地踏步，我和老公，和朋友，都会不可避免地疏远，渐渐无话可说。那是我不愿流落的境地。

决心开办这所学校，是为了实现我长久以来的梦想。我并没有雄心勃勃地追求多么巨大的规模，只不过是想创建一个属于自己的空间，把舞蹈的美、艺术的魅力分享给更多的孩子和女性朋友们。

“梅梅，我忽然有点后悔当初把你一个人留在兰州了。”他的语气很微妙。

我明白他在说什么，也能体会到他内心五味杂陈的感觉：作为一个比较传统的男人，他难免更倾向于十年前那个小鸟依人的我，但自从第一次在兰州家里自己搬洗衣机、换电灯泡起，有些东西就已经开始变化了。这些年来的磨炼让我的内心越来越强大，在七色光艺术团积累的教学经验让我更多了几分底气。当初那个穿着背带裤勾槐花的小姑娘是断然没有胆子说出“我要创办一家自己的学校”这种话的，但是今天的谭梅，可以。

我热爱生活，更感激命运，毕竟是生活和命运让我有幸结识了许多优秀的女性。

我在大海边倾情一舞。

当然，无论我再怎么独立，再怎么有自己的主意，老公的意见还是一定要尊重的。两个人的事情，我不会一个人任性。如果他坚决反对，我愿意把这个计划推迟，直到他同意为止。

好在他也同样尊重我，虽没说支持，但也没有挑明了去反对。事情就这样搁置着，期间我转业的事情有了进展：从我提交申请起，团长等了半年，见我决心已下，终于把报告打了上去。然后又是漫长的等待。

在等待的时间里，我继续对老公开展我的劝说大业。

找了一个他心情不错的休息日，我拉他到沙发上坐下，又说起八八空间的事情。

“我不是只有一颗文艺心，我也会考虑市场需求、顾及现实问题；我不是仅凭一腔热血，我也做了市场调查、前期咨询，而各方面的信息都说明，做艺术培训是有市场的。更重要的是，我自己现在做了妈妈，更清楚妈妈们的需求和心理，知道她们会为孩子做怎样的考虑和打算。”

我举了例子：“许多妈妈送孩子去上艺术班，孩子进了教室，妈妈们就挤在走廊里，扒着窗户，伸长脖子看孩子上课。那为什么不直接开设一个‘母子班’呢？把妈妈请进教室，让妈妈和孩子一起接受艺术的熏陶，提供空间、创造条件，让妈妈和孩子一同成长。”

听到这些，他开始被我打动了。我说这些，不仅是为了打动他，这都是我真正的想法。我知道创办一家学校的艰辛，所以我必须审慎，对自己、对团队负责。

我还有更重要的理由：“有句话说：‘在人生的十字路口迷失方向时，最正确的选择往往是顺着自己最熟悉的那条路一直走下去。’而对我来说，最熟悉的路，就是舞蹈啊。”

因为舞蹈，小时候的我比同龄人自信、健康，也凭借这份才艺得以顺利升学。

因为舞蹈，我考入了“兰战”——如果没有进到那里，我怎么会认识今生的伴侣？

因为舞蹈，我在表演零基础的条件下，用舞蹈方面的优势弥补了其他方面的不足，依然考上了“军艺”。

因为舞蹈，我可以在小品里倾情一舞，做到其他演员做不到的事情，获得了大奖。

因为舞蹈，我不断登上一个又一个更高的舞台，还曾经到春晚的舞台上伴舞，为全国的观众表演。

因为舞蹈，我成为中国艺术团的成员，代表国家，把舞蹈跳出国门。

因为舞蹈，我结识了更多志趣相投的朋友、艺术行业的精英。

一路走来，是舞蹈帮我抓住了每一次机会，让我能够尽情释放最大的优势，一次又一次改变了我的命运。

“这一世，我和舞蹈的缘是剪不断了。创办这个学校，就算吃再多的苦，我也甘之如饴。”

他被我说得颇为动容，沉吟半晌，终于点点头：“那好吧。”

我在心里欢呼起来，但我也高兴得太早了。

“只不过你办这个八八空间，不要拿家里的一分钱。”

其实这个威胁并没有实际的杀伤力，因为结婚以来，家里的财政大权一直由我掌握，有时候拌几句嘴，他实在拿我没办法，就说：“家里有多少钱我都不知道，都交给你了，你还让我怎么样啊？”归根结底，他无非还是顾忌创办学校的艰辛，不想让我出去受累，我懂得。

可我也拿自己骨子里的倔强没有办法，或许是从小练舞锻炼出了一份坚韧吧，我这个人看似柔弱，可一旦下定了决心，就不会踟蹰，是一定要排除万难向前进的。

他肯点头，就已经是明白我了，现在无须多说，慢慢来，他会更明白我。

既然一家之主说不能拿家里的钱，那就先不拿。资金周转不开，我就继续做前期工作吧。

我干劲满满地联系在杂志社工作的朋友，请他们再帮忙做更深入、更细致的社会调查，看看家长们对给孩子报舞蹈班感不感兴趣、对舞蹈都有什么样的了解、最希望培训机构开设什么舞种的培训班。同时又四处找地址，选地段，去观摩类似的机构，看看一个教室能容纳多少人，问问租金，做做成本预算。

忙完这段，把所有搜集起来的资料汇总到一起，算盘一打，还好，拿出我自己全部的积蓄，应该也承担得起这些费用了。

北京海淀，巴沟某小区，一间300平方米的临街门市商铺挂起八八空间的招牌，成为我梦想的第一处落脚点。我凝视着这家店面，觉得它俨然已经插好翅膀、高扬风帆，正准备载着无数热爱艺术的孩子们的梦想，高飞、远航。

开业当天，朱军的许多朋友都来捧场：刘芳菲、吕继宏……更有我的好朋友肖宁、杜晓东等。我们打扫布置，兴奋又紧张。大家把瓜子、花生、糖果摆上几张小圆桌，就围着小圆桌，剥着花生、嗑着瓜子畅想未来。

八八空间起步初期，我的好友、主持人肖宁来八八空间做老师，教授主持人课程。小主持人班第一期共计招收了22名学员，首日上课时，本就不太宽敞的教室被塞得满满的，其中家长占了三分之二。

起步阶段，我又教舞蹈，又教表演，还要负责谈场地，做外联，撒传单，做路演，十八般武艺得样样精通。

肖宁在八八空间授课，却坚持不收我一分钱；我们去社区宣传，人手不足，他得知后二话不说就过来帮忙，拿起话筒帮我们主持。我深觉过意不去，他却真诚地说："咱们是战友、老同学，八八空间刚起步，正是不容易的时候，就帮这点小忙，怎么好意思收你的钱？"

起步阶段着实不易，整个团队算我在内才有三个人，其他老师都是兼职。我既教舞蹈，又教表演，还要负责谈场地，做外联，撒传单，做路演，十八般武艺得样样精通。但即便我有三头六臂，也不可能独立支撑，八八空间能够顺利成长、日益壮大，离不开各位好友的鼎力支持和不计回报的倾情相助。

学员们学习一段时间之后，我就希望能给他们一个舞台去展现自己。我晚上熬夜给她们编舞，白天就去价钱公道的影楼淘演出服装。那时候网购还没有兴起，想要货比三家，就只能一家接着一家逐个敲开门去问。

服装置备了，节目排好了，社区谈妥了，表演当天，我像个孩子王一样在前面走着，身后跟着一群活泼可爱的小孩子，一个人的小手里抱着一个小板凳，稚嫩的脸上洋溢着仿佛能点亮整个世界的笑容。

能创办八八空间真是太好了，能做他们的老师真是太好了。

然而问题依旧存在。跳舞必须放音乐，主持、朗诵也无一不需要发声，但我们的培训班毕竟开设在居民区里，这些响动无疑会影响住户，八八空间也因此频频受到投诉。有时我觉得八八空间就像一位胸怀壮志、初出茅庐的少年，受周遭环境所限，拳脚不得施展，不得不另寻一片崭新天地，以求更大的发展。

为难之际，带来转机的是老公的一句话："我认识一位朋友，在金源时代购物中心，说不定可以帮你联系一下。"

金源时代购物中心距离巴沟校区仅有两站远，的确是理想的校区新址。几经辗转，八八空间进驻海淀区金源时代购物中心六层，终于争取到了可以正常营业的条件。

唯一遗憾的是，由于校址搬迁，有一小部分学员因此流失。虽然我的一位好友为了避免这个问题，伸出援助之手，在搬迁后一整个月的时间里，特地驱车从巴沟到金源帮我们接送学员，但还是有一些学员因为上课路程遥远而离开了八八空间，这让我和团队的其他老师非常难过。每一份梦想都值得被呵护，孩子们与我们的缘分尤为难得，我们在任何时候都不希望因为任何原因失去任何一位学员。

但一个事实却令我们由衷高兴和欣慰：在巴沟时期招收的学员，与八八空间建立起了深厚的感情，最终有超过九成的学员随我们搬去金源上课，虽然这可能在交通上为他们带来不便，但他们全无怨言，反而表示了最大的理解。

至此，八八空间终于可以放开被客观因素束缚住的手脚，此后的茁壮成长便一发而不可收。

从无到有建立起来的艺术社，就像是我自己的孩子一样，让我没有办法不去牵肠挂肚，想尽办法爱护它。教室的哪一个角落掉了一块墙皮，我就像自己身上擦破了皮一样难受。

创办八八空间，也是我与军营之外的社会的第一次互动，互动里有茫然无措，有百感交集，有焦头烂额，也有谢天谢地。

做宣传的时候，很多不可预估的事情接连发生，社会大学堂给我这个初出军营的菜鸟扎扎实实地上了几课。

手里捧着印好的宣传单页，都不知道哪个行色匆匆的路人会愿意伸出手来接；绷着一张笑脸站在街头，遭受过的无视和拒绝数都数不清。

后来，我们去附近的小学，校门口就是马路，我们灰头土脸地等到放学，好不容易把宣传单页发到小孩子手里，哄着他们拿回家去给爸爸妈妈看，人家一转身就拿来叠了纸飞机，花花绿绿飞得满天都是。那段时间，每次遇见环卫工人，我们心里都条件反射般升腾起一阵歉意。

去小区宣传栏拉横幅，不一会儿就有保安黑着脸气势汹汹地过来了，我们人还站在塑料凳上，横幅就已经被抢了下去。

横幅没了，我们就做海报。这次学乖了，先和社区的人谈好，可我去买几瓶水的工夫，一回来就看到另外两个小伙伴托着下巴，一脸苦闷地看着我，再一扭头，刚刚贴好的海报全都不见了踪影。

原来被城管收了。

这样可不是长久之计，我们开始寻找更聪明的宣传方法。

“还是熟门熟路办事才方便，八八空间是新学校，咱们是生面孔，走到哪里都碰壁。”朋友感叹。

是啊，初来乍到，我们手上最缺的就是人脉资源。新关系难以在短时间内建立，那就只好先想办法把手头现有的资源利用起来。

“你不是常去楼下买书吗？”我问朋友，“和书店的老板熟不熟？”

“还行啊，老板人不错。”

“咱们去和他谈谈吧。”

就这样，我们和金源五层的纸老虎书店结成了商家联盟，合作方式是我们准备印有八八空间宣传内容的袋子和单页，单页装在袋子里提供给书店，从店里卖出的每一本书都装进这些袋子里，买书的人自然就会知道八八空间。

各种宣传方式陆续起到了效果，艺术社迎来了一批批学员。不断有一张张新鲜的面孔走入宽敞明亮的教室，多年以后，他们将会成为这里的元老。

人在全情投入的时候，就会忘记自己，也会忘记时间。忙着八八空间的事情，不知不觉就又过了大半年。2008 年 12 月 30 日，我在“海政”的关系全部转完，手续也都办妥了。

我平静地回去领了复转军人的证件，最后一次和亲爱的战友们告别。走出“海政”，回望门楼，眼眶不觉湿润了。

我还记得第一次迈入这扇门的情景，恍然十年，似是弹指间。这里将永远珍藏着属于我的一份记忆，以后每次想起，我都会带着笑，带着感激。

过去的时光和2008年的日历一齐翻到了最后一页，即将到来的2009年，是全新的开始。

我告别了军旅生涯。

D A N C E

谭校长说

舞蹈训练重中之重：腿部、腰部、躯干

跳舞是一场身心总动员。在舞蹈训练中，只有肌肉有力、筋骨柔韧，才能仪态优雅、动作协调。只有身体各部位的肌肉协同发力，舞者才能把舞蹈表现得富有动感、充满活力。

不过，“全身参与”并不意味着“平均用力”。在舞蹈训练中，有三个部位的训练至关重要：腿部、腰部、躯干。

腿部训练十分重要。下肢动作构成舞蹈动作语汇的主干，在舞蹈艺术之中，包括踢腿、跳跃和旋转等在内的所有舞步，都离不开下肢的参与配合。准确、轻盈的腿部动作，可以使整个肢体动作灵动而富有弹性，呈现出和谐之美。

因此，芭蕾形体训练的重要性也正在于此。在所有的舞蹈训练之中，芭蕾基础训练最重视培养正确的腿部动作和精准的腿部肌肉控制能力。通过学习芭蕾形体课程，可以纠正肩、胸、下肢的不良体态，增进人体各部位的协调性，使身姿端正挺拔。

腰部训练非常关键。腰是人体的轴心，是连接上身与下身的关键部位。在舞蹈中，正是种种腰部动作创造出了许多富有艺术魅力的造型，帮助舞者淋漓尽致地展现优美的身体线条和玲珑的身材曲线。

腰部在舞蹈中担当的职责不仅是协同配合全身动作、打造流畅曲线造

型，它更是舞蹈律动的核心部位，具有非常特殊的功能。腰部必须具有一定的柔韧度和肌肉力量，才能负荷高难度舞蹈动作的运动强度，保证动作到位，同时避免拉伤。

躯干训练不可忽视。躯干是人体的第一支柱，连接着头部及四肢。颈椎支撑起头部的重量，脊柱支撑着整个躯干的重量。以脊柱为中轴线，聚集了强有力的肌肉群，并有大量韧带发散开去。这些肌肉和韧带相互联结、彼此配合，形成了前腰、后腰、胸腰、旁腰等部位的肢体表达。

躯干在舞蹈中起到稳固身姿、强化技巧的功能。训练有素的躯干可以辅助身体加大动作幅度、增加动作的多变性、提高整体表现力。

腿部、腰部、躯干，这三个部位的训练至关重要，但除此之外，我还要特别强调——基本功，基本功，基本功，重要的事情说三遍。

“一天不练，自己知道；两天不练，老师知道；三天不练，观众知道，因为你在舞台上已经站不稳了。”舞蹈练习需要日积月累，练舞是一份令人甘之如饴的“苦差”，也正因如此，舞蹈格外可以锻炼一个人坚韧的意志和坚持的品格。

“一日练一日功，一日不练十日空。”而在这个“练”字之中，基本功练习占据了很大的比重。每个舞种都有属于自己的一套基本功，以芭蕾形体为例，擦地就是最重要的基本功。无论是孩子还是成人，无论是刚入门的初学者还是技术成熟的专业舞者，无论舞龄是长是短，无论水平是高是低，基本功面前，人人平等，擦地是每一位跳芭蕾的人每日必修的功课，每天都要进行，不可以中断。

同一支舞蹈，同一位老师来教，不同的学员也会学出不同的效果。有些跳得到位、漂亮，有些则不尽如人意。跳得不好，很多时候是因为基本功欠缺，而基本功不好，则多是因为下的工夫不够、练习得不够到位，这完全可以通过勤学苦练来改善。

在舞蹈练习过程中，注重腿部、腰部和躯干这三个部位的锻炼，同时要特别注意坚持巩固基本功，这就是我想与每一位学员分享的舞蹈上的方法论。只有在专业团队的指导下，通过系统、科学、持久的练习，舞姿才能美丽，舞者才能更深刻地领略到舞蹈艺术的精髓。

第五章 | 保持童心，就是捍卫初心

初心拯救世界，童心治愈一切。

LEAD DANCER

跟上孩子，逆流一次

到了年终岁末清点账目的时候，我问财务："这一年，公司赚了多少钱？"

她对着电脑"噼噼啪啪"敲了半天，报给我一个数字。

我说："这钱咱们不要了。"

都拿出来，投到八八空间的第一台大型音乐剧《丑小鸭》上。

我自己就是一名演员，深知机会和舞台对于一个演员的重要性。学艺术的孩子，最不能缺的就是机会。

虽然孩子们有一个共同的名字，都叫作八八空间的学员，但我从来都不只把他们看作一名学员，而是将他们视为一位才华横溢的小演员。所以哪怕手里只有一点点积蓄，我也一定要倾尽全力，为他们提供一个我能力范围之内的、最棒的舞台，让他们尽情展示所学到的一切，去撒欢，去出彩，去留下非比寻常的童年记忆。

在登上过流光溢彩的舞台之后，再回到勤学苦练的教室里，感觉是全然不同的，学习的动力会翻倍。灯光和掌声的激励，比任何励志故事都更立竿见影。

带着为八八空间打造代表剧目的使命感，我单枪匹马开始了《丑小鸭》剧本的创作。编排方面的工作，我一向比较有自信：小学期间，老师只给出几个动作，我回到家就能自己编出一支有模有样的儿童舞来；到了幼师，给自己编舞不过瘾，我还帮同学去编；在“军艺”深造期间，学写小品剧本，知道了怎样去做专业的镜头分析、怎样根据舞台步骤去完善案头工作——天分加上经验，就是编剧谭梅所具备的条件了。

闭上眼，我在脑海中搭起台，架好灯，让大幕缓缓拉开。

这个家喻户晓的故事，我该如何讲起？

或者，编一部古典版本的《丑小鸭》，写下“我要飞向他们，飞向这些高贵的鸟儿！可他们大概会对我大开杀戒吧，因为如此丑陋的我，竟然胆敢闯入他们的生活。不过那又有什么关系？这比被人毒打、被鸭子咬、被鸡群啄、被看管养鸭场的女佣人踢、在冬天受苦受冻要好得多！”这样的台词，让演员们在银白的灯光下大段地吟咏。

或者，编一部暗黑版本的《丑小鸭》，在那些根据自己的人生哲学对丑小鸭评头论足的鸡、狗、猫背后用鲜红的颜料写上“歧视”“恶意”“欺凌”“孤立”等触目惊心的字眼，电闪雷鸣骤起，他们念着盛气凌人的口号，跳起诡异的集体操……

作为成人，我当然知道，把这部童话放到一个儿童秤上，称出的只是它表面的重量。

这个故事可以很浅显：无论起点多么卑微，只要坚持梦想，就有拨云见日的一天。但波兹曼已经在《童年的消逝》中冷冷地写过了：“成人与儿童的分界线在电视之类媒体的猛烈攻击下变得越来越模糊。”

有光的地方一定会有阴影存在，这世界毕竟有其残酷的一面。当孩子们通过越来越多的渠道，发现这个世界似乎并不那么美好、事情不像童话里宣扬的那么简单，怎么办？当他们问起：“童话里都是骗人的吗？”如果我们答不出来，他们会不会滑入与童话相对的另一个极端？

在越来越聪明的孩子面前，只喊一喊“加油”“坚持”等响亮的口号，他们还会相信吗？即便他们相信，我们就不心虚吗？那么，如果要把并不那么美好的现实剖开来，我们可以通过什么方式、把成人世界里鄙陋的角落和残酷的现实，扒开多少亮给孩子们看？

手中的笔似乎越来越沉重了，屋里面暖风开得很足，我却不寒而栗。

但我的脑海里立刻响起了“叮咚”一声，那是电梯到达指定楼层的提示音。随着这声“叮咚”，电梯门在面前左右分开，和我一起走进电梯里的是一个穿着体操服的小女孩。

我认出她穿的是我们学校的服装，她也正好眨着亮晶晶的眼睛看向我。我忍不住笑着“搭讪”：“你是到八八空间来学习的吗？”

“是呀，谭老师。”她把“老师”的尾音拖长，叫得格外甜。

我心里乐开了花。听孩子们用“老师”来称呼我、看他们用看老师的眼光来看我，内心最柔软的地方总是不经意间就被温柔地触动了。员工们叫我“谭总”，多少带着几分拘谨，而小孩子的好处就体现在这里，他们不知道拘谨，于是我也不觉得拘束了。

就这样放松片刻，也是好的。

“你认识我呀？”

“当然认识，你是校长，对不对？”

“你怎么知道的？”

“因为在八八空间，你说什么，他们就做什么。”

哈哈，真是人小鬼大。

“你在家里换好服装过来的吗？”

“对呀，我觉得这身衣服好漂亮。”

这话我不是第一次听到了。有许多小学员，明明在上课以外的时间可以穿便装，却还是在家里早早换好了体操服、练功服来上课，被我在附近的书店和商场里遇见过许多次。

他们喜欢的应该不只是衣服本身，更是这身服装所代表的“八八空间学员”的身份。孩子们觉得八八空间是一个美而酷的空间，是一个强有力的后盾，就乐于以这大家庭的一分子自居，也愿意通过着装去强化这种归属感。

看到一位位精灵似的小孩子穿着八八空间的服装来往于公共场合，脸上带着自豪的笑容，作为八八空间创始人、服装设计者之一的我就难免有点小得意。如果相遇时再被他们认出来，亲切地叫上一声“谭老师”，心里的喜悦就一五一十全都涌到脸上来，简直藏都藏不住。

这么多年，明明听不少人称赞过我的波澜不惊，在多少大风大浪面前都能不形于色，偏偏在这种时候，却淡定不了。

孩子们天真无邪的眼眸、不带有任何顾虑的亲近，太美好了。

要参演这部《丑小鸭》的小演员们，都是这样的孩子啊。如果让他们戴上成人的面具粉墨登场，演一出灰暗色系的腹黑童话，那画面太离奇我不敢看。

我又想起一位小女孩，最开始来八八空间，家长进门第一句就问：“请问跳什么舞最减肥呀？”

老师看看孩子红到耳根的小圆脸，也乐了：“可以跳拉丁舞，运动量大，课程也比较紧凑，一共分五种小类，她第一节课跳牛仔，如果不累就紧接着再上一节，跳桑巴。”

父母和孩子早就达成了共识，过来跳舞不为别的，只为减肥。的确，孩子过早发胖，不只是外形问题，也会影响她的身高、埋下健康隐患。

就是这样一位开始时被动地走入舞蹈世界的女孩，在八八空间张茂名和李玉燕两位拉丁舞老师的辛勤培养下，后来却成为空间里一颗耀眼的小明星。即便在没有课的日子，她还是愿意每天来到八八空间，因为她早已把八八空间的老师看作是自己的亲人了。

两位老师十年如一日的坚守，也终于赢得了学员及家长们的一致认可，为八八空间树立了良好的口碑。在他们的带动之下，有越来越多优秀的专业教师加入到了我们这个温暖的大家庭中。

一所学校的建设、一家公司的经营，是一条漫长的道路。在出发之后，最容易迷失的时刻，孩子们总是能提醒我回望一下它的源流和起点。最开始，我是为什么而开办了八八空间的？是为了继续我的舞蹈事业，更是为了给孩子们一个造梦和圆梦的空间。作为艺术教育工作者，看到一个个从八八空间走出的孩子，从形体到内在焕发出整体的美感，我的感触之浓，不输孩子的父母。

八八空间就像是一道双向通行的桥梁，我把技艺教授给孩子们的同时，也时时被孩子们的纯真的灵魂照亮。与他们相处过程中发生的点点滴滴，时时促使我去深思、去感悟。他们的成长是推动我前行的力量，只要看到这些可爱的孩子们，我就不会忘记初心。

成人牵着儿童的小手，一步一步向前走；也正是这些小小的身影，不时带着大人回家。时间的洪流永是向前，但怀有一颗童心，便能逆流而上，领略到别样的风光。

如此想来，我不该从自己的角度出发，而应该从孩子们的角度出发，创作出一部能与儿童世界接轨的《丑小鸭》。

丑小鸭的王牌是它的坚韧，这也是我希望传达给孩子们的第一个关键词。虽然被遗弃掉了，但它没有自怨自艾，守住了乐观和坚强。我希望孩子们像它一样，能够与挫败和平相处。

第二个关键词是梦想，是对美好生活的追求。梦想给了丑小鸭不灭的希望，否则，面对重重打击，它恐怕早就会自暴自弃，也就等不到最终变成白天鹅的那一天。

第三个关键词是美。森林里的选美比赛是贯穿全剧的一个线索，各种小动物为了追求美丽，去学习才艺、修饰自己，但最终的结局，是古道热肠、乐于助人的丑小鸭被大家一致推选为冠军——这一切都发生在丑小鸭蜕变之前。

有人问过："丑小鸭最终变成了天鹅，那也是因为他本来就是天鹅。如果他真的只是一只丑陋的小鸭子，结局又会怎样？"

我要在我的《丑小鸭》里解决这个问题：变成白天鹅不是唯一的出路。丑小鸭被大家接受，是因为它的内在品质。即便它就是只鸭子，变不了天鹅，它也仍然是大家眼中的"美小鸭"，也还是能过上幸福的生活。

"人不可貌相"是古训，注重内在、不能以貌取人的道理，在当今这个浮躁的社会，尤其需要早早让孩子们牢记在心。

第四个关键词是爱。短短一个字，却包含了千言万语。

《丑小鸭》从创作到巡演、从台前到幕后，爱的付出与回馈无处不在。

舞台上的丑小鸭充满了爱心。森林里，小猫对它恶语相加，但当暴风雨来袭，它却不计前嫌，舍身相救；当所有动物都不肯接纳它的时候，它依旧没有丢弃自己美好的本性。而它的美德最终战胜了相貌上的缺陷，为

八八空间的第一台大型音乐剧《丑小鸭》，从创作到巡演、从台前到幕后，爱的付出与回馈无处不在。

它赢得了大家的善待。

舞台下，这部剧将会成为中国人口福利基金会“幸福微笑”——帮助贫困家庭唇腭裂儿童活动的一部分。小演员们将在演出中为唇腭裂儿童筹款，用于帮助他们支付修复手术的费用。

这么多年过去，我始终都忘不了当年住在隔壁的罹患小儿麻痹症的小姐姐。我从小就梦想能帮助别人，但从前自己太弱小，也没有能力去改变什么。现在境况好了一点，多做些公益，是帮助别人，也是实现自己的心愿。

坚韧、梦想、美、爱。这就是我的《丑小鸭》，一个直面寒冷、追求温暖的故事。

我希望每一位孩子都被这世界温柔相待，更希望每一位没有被世界温柔相待的孩子善待自己。在弱肉强食的生存规则之中，不一定要长出伤害别人的獠牙；生存的挑战再严酷，也不要让“尊严”二字成为一个冷笑话。保持初心，就一定能在残酷中觅得生机，在丑陋中绽放美丽。

这些可爱的孩子们，没有辜负我的良苦用心。

排演是利用暑假时间完成的，2007 年的夏季异常炎热，八八空间集全社之力，在短短 40 多天的时间之内，就让这台大型音乐剧闪亮登场。这一段经历，我愿意一次又一次地回忆，每次回忆，都能收获全新的感动和欢喜。

一年前一句不经意的问话，为《丑小鸭》招来了主角“丑小鸭”。

八八空间刚成立不久，闲谈之中，我问一位朋友：“家里的孩子多大了？”

“5 岁。”

5 岁，正值艺术启蒙的大好时机。

“哪天有空，让他来八八空间玩吧。”

从那之后过了几个月，却迟迟没能见上孩子一面。其实我本不是喜欢强求的人，却不知为何，就是对这未曾谋面的小孩念念不忘。或许，这就是我与他之间的缘分吧。

我打电话去催促，朋友吐露了心声：“孩子还小，很淘气，在家里一分钟也闲不住，他怎么可能老老实实上课呢？”

“先过来看看再说嘛。”

就这样，在一个夏日晚间，5 岁的吴文一小同学初次踏入了八八空间这个大家庭。

为了测测这孩子的天分，我请他表演一个小猴子吃桃子的场景。

他倒半点都不怯场，把屋子里的一株发财树当成桃子树，把各位老师当成“老猴子”，热情地给大家“摘桃”，我们都看得乐不可支。

虽然吴爸爸觉得他年龄还小，但我知道这是好苗子，一定要留下。

“就让他来玩玩吧。”

当时八八空间有一条规定：学员报名年龄需要达到 7 岁以上，但我愿意为他破了这个例。

吴文一在八八空间玩得很是开心，他是全社年龄最小的学员，也是我们的“小宠儿”。他有着天生的表演欲，无论学习还是模仿都非常积极。在《丑小鸭》之前，我也在小范围内排练过一些小品和话剧，他的表现告诉我，他就是当之无愧的丑小鸭。

就这样，2007 年 8 月，6 岁半的吴文一成为了《丑小鸭》的第一男主角。

剧本是我亲自交到他手里的，我希望能通过这个郑重的方式，让他意识到自己在全剧的分量。

“文一，这个剧里的丑小鸭，是最坚强的小勇士。它就像一团明亮的火，用自己的善良和热情感染了所有身边的人。你有信心把他演好吗？”

他抱着剧本，用认真的眼神看着我，郑重其事地点了点头。

丑小鸭的台词很多，而且饱含感情，文一的嗓子经常喊到变哑了；丑小鸭的服装又厚又热，难穿又难脱，一穿就是一整天，有时脱下来，抖一抖，就有不少水珠溅落在地上；丑小鸭的妆容易花，带妆吃饭，只能让妈妈一勺一勺喂到嘴里……尽管困难重重，但他全都不放在眼里。舞台的魅力太大了，配乐一响，灯光一亮，他就像丑小鸭附体一样，什么苦都忘了，“觉得自己就是丑小鸭，而不是吴文一了”。

八八空间优秀学员吴文一饰演的丑小鸭。

这个角色的塑造无疑是成功的。在巡演结束之后，看过演出的人都不再叫他的名字，而是直接叫他“丑小鸭”。连鞠萍姐姐到八八空间来，都是一进门就问：“丑小鸭在哪儿？”

小演员们都表示，这是他们第一次完整地体验到表演的乐趣，是终生难忘的财富。在无数次的彩排和磨合之中，我和小演员之间达成了心领神会的默契。看着他们从错漏不断到游刃有余地掌控舞台、享受舞台，我内心的兴奋和激动丝毫都不少于他们。

孩子们说：“这一切，只有在八八空间才能体验，只有和谭老师在一起才能实现。”

他们在这部剧中获得了一个成长的加速度，而追随着他们的我，似乎是逆生长了。

此后，《丑小鸭》在全国巡演数十场，广受欢迎；后来又在央视少儿频道多次重播，大获好评。从摸索起步，到圆满成功，这部音乐剧能够最终呈现在众人面前，离不开各界朋友的鼎力相助。

舞美、灯光、音响都是好朋友帮助我完成的。一听说是为孩子们圆梦，他们就不准我谈价格了：“为了孩子，还谈什么钱呀，这就是举手之劳”，免费让我们进录音棚，为孩子们录音，给孩子们提供上舞台的必需品；儿童剧团里一位叫作郝立众的舞美师帮我设计了整场的舞美效果，还做了一个精致的小模型出来。有了这些外援，即便在千人剧场演出，我也不觉得心慌。

对《丑小鸭》给予了巨大支持的还有八八空间的家长们。小演员们的年龄偏小，最大的15岁，最小的才4岁半。带领这样一群孩子完成一场大规模演出，安全、纪律，都需要成人来保证。而这个重任，除了八八空间的老师们，就都是各位家长在忙碌。陪着候场、帮忙催场；给孩子们化妆、换装；拍照、搬道具；安排小演员们吃饭休息、帮忙照顾小演员……他们的无私付出是音乐剧成功上演不可或缺的条件。

以后，八八空间还会创造一次又一次的辉煌，但《丑小鸭》作为第一座里程碑，将永远闪耀着不可取代的光芒。

多年之后，当参演和观赏舞台剧的孩子们都已经长大成人，在困惑的时候、绝望的时候；在抱怨命运不公、怀疑自己价值的时候，我希望他们还能想起这部《丑小鸭》，那时他们或许会有更深的感触，而我通过这部童话剧传达给他们的信息，也许就将实现真正的价值：无论这个社会的天然阶层把你划定为白天鹅还是野鸭子，请相信人本身没有高低贵贱之分；你所拥有的空间可以无限大，只是开拓的过程很累，甚至很痛苦，但是请你一定坚持；世界可以很复杂，但你可以很简单；现实有力量把人涂抹得面目全非，但你也有权保持纯净、初心不改。

每一位亲爱的孩子，愿你被世界温柔相待，更请你对世界温柔相待。

大城堡里的小蚂蚁

天空很湿润，仿佛伸出手就能在上面按下一个蓝色的指印。风从远处来，带着海水的气息，在我们颈间嬉戏。日光正好，椰影婆娑，一位少年肩扛冲浪滑板，赤脚站在厚实的泥土上，远远望着前方夏令营的队伍，若有所思。

“小勇士，拍个照吧！”我把他锁定在我的镜头里。

他一扭头，看见我，立刻把腰挺得笔直，给了我一个灿烂的笑容。

我按下快门。照片里的朱思潭同学，已经是个13岁的小伙子。我与他，从未出生便已相识，后来又不断重新认识。成长是一次漫长的弹指一挥，其间的所有惊喜与波折，我作为妈妈，是最虔诚的见证人。

毛头是学生，于是我们也跟着学校的时间表走，每年必备的两次度假，一次暑假，一次寒假，就算事务再多也要提前留出这一段空白，和孩子去度过一段快乐时光。

寒假时，等老公忙完工作，母亲也从西安探访老友回来，我们一家四口就共赴一场其乐融融的聚会；相比之下，暑假的规模就减了半，可能只是我独自一人带着毛头出去玩。从前去香港迪士尼、去三亚，今年夏天，我们到了美国。

毛头在美国参加了一个帆船夏令营，前一两天并不太适应，在大海面前栽了好几个跟头。今天是第三天，也不知道他自己调整得怎么样。

来的路上，他低头不语，不知是不是心理作用，我看他的脚步好像有些犹豫。但刚刚他面对镜头的一个笑容，又让我的顾虑刹那间烟消云散。

“妈妈相信你能战胜自己，勇敢挑战，加油呀！”

这一天，儿子给了我惊喜。在海上训练中，他单板项目的成绩不但远远超越了前两天的自己，更是在小组中名列前茅。看着他脸上洋溢着笑容，向我投来自信的一瞥，我深感快慰。仿佛昨天他还是那个穿着大一号的拖鞋在家里“呱嗒呱嗒”走来走去的小男孩，转眼间却已然是个不怕输、更不服输的小男子汉了。看到他在海上踏浪疾驰的样子，我心里有说不出的惊叹：这还是十年前那只憨憨的小蚂蚁吗？

2007 年排练《丑小鸭》的时候，除了晚上回家睡觉，我基本都泡在八八空间里。正值假期，不想让毛头每天都闷在家，就天天把他带在身边。

在我指挥全局忙进忙出、满头大汗把嗓子都喊得冒烟的时候，毛头往往就捡一处人少灯暗的清静之地，搬一把小板凳在那里一坐，双手托腮看着我们，眼珠骨碌碌地转，也不知道在想些什么。看着他那副“不在其位不谋其政”的架势，哭笑不得的我决心把他“拉下水”。

“毛头，你要不要也过来和我们一起演呀？”

他那时刚过完 5 岁生日，还小，比较配合我，就点了头：“那我演什么？”

舞台上，孩子们正排练到一群小蚂蚁和丑小鸭的一段对手戏：“小蚂蚁，搬木材，搬不动，我来抬……”

设计这一段情节的时候，我本就是借鉴了毛头幼儿园老师的一个创意：有一次去开家长会，老师组织孩子们互动，就教大家背诵“小蚂蚁搬木材”的歌谣。我觉得这种类似快板的形式很好玩，当时记了下来，就用到了音乐剧里。

去后台一找，正好“小蚂蚁”的行头多出一套。我拎着头套和衣服来到毛头面前：“就演这个。”

小蚂蚁这个角色，戏里戏外都不是件轻松的差事。在戏里要搬运木材，为选美比赛搭舞台；在戏外，因为天很热，戏服很厚，又要戴着头套，虽然没有真的搬木头，孩子们也还是挥汗如雨。

我问毛头：“辛苦吗？”

他的小脸累得红红的，说：“还行。”

我其实希望他辛苦一些，磨炼一回，体验一下，明白做演员，上舞台，光鲜背后，要付出同等的汗水。

以后我再和他说“妈妈要去演出了”，他就知道，“演出”二字意味着的不只是台上风光，更有后台紧锣密鼓的辛苦准备。

以后再在电视上看到爸爸，他就不只能看到爸爸面上的笑容，更能看到爸爸的付出：一到台上，哪怕是刮狂风、下暴雨，台下的人可以走，但主持人一定要站到最后。

有些道理就像是天边轰隆隆作响的雷声，雷鸣电闪看得再多，都不如亲自去淋一场雨。

毛头淋雨的机会并不多，与他爸妈相比，就更少得可怜。这样的境况并非我们的本意，却偏偏是由我们亲手促成。早在出生前大半年，毛头就已经开始改变老公和我的生活。医生告诉我们：“胎儿对低沉的声音特别敏感，所以爸爸应该尽可能多和胎儿交流。”于是老公决定拿出看家本领，和孩子好好做做情感沟通。回到家，他特意喝了一杯温水润喉，又挑出一本《唐诗选集》，选好了诗却迟迟不开口，不停清嗓，还看看我，尴尬地笑了笑。

我抚摸着肚子，对宝宝轻声说："你爸面对十几亿观众都没这么紧张过。"

除了联络感情，他还拿出和我恋爱时"自己动手，丰衣足食"的劲头，从建材市场抱回木板、塑料、海绵垫……亲手做了尿布台，并加入了自己的创意，在台下安上四只轮子，移动起来特别方便，比市面上卖的实用多了。

那段时间，似乎所有烦扰都被我们自动屏蔽，唯一要紧的事，便是奉上我们全部的温暖，迎接新生命的到来。

他出生后，手腕上挂了一个小牌子，上面写着他的父母——我们的名字。他的手足印、穿过的第一双小鞋子，我全都细心珍藏好，这是给他的纪念，也是我们的纪念。

在毛头的幼儿时期，我写了整整两大本日记，字里行间，都是他赐予我的灵感。

就是这样，老公和我倾毕生之力，为我们最爱的小男孩建造了一座城堡。从小住在城堡里的他，不识人间战火，在亲友们绵绵不尽的爱意里，养成了一种单纯、宽厚、善良的性格，俨然是某一篇童话故事里的男主角。

但没有一个孩子的成长是一帆风顺的。他人生中的第一个对手，竟然就是身为妈妈的我。

我们的战争从一台钢琴开始。

人生本是不能重来的，但孩子出生后，我自己的生命似乎也跟着他重新开始了。看着他一天一天慢慢长大，做妈妈的，总忍不住要替他规划人生，想要用我们的肩膀乃至整个身躯帮他挡住前路上酝酿着的所有风雨，把他这辈子可能遭遇的每一次磨难都扼杀在萌芽阶段。

老公和我倾毕生之力，
为我们最爱的小男孩建造了一座城堡。

这种复杂的移情，让我把过去几十年的尘世感悟全部预付到了孩子身上。带着修复过往遗憾的心愿，带着“人生重置”的豪情万丈，带着太多的“悔当初”和“早知道”，我决心要在自己最熟悉的领域，带着我亲爱的小孩，“零失误”走过人生最初的一段旅程。

毛头 5 岁那年，我把他抱上了钢琴凳。却不想这个决定，后来成了一个人的执着、两个人的煎熬、三个人的折磨。

身为完美主义者的我拿出当初给自己设立的标准来要求毛头，一架钢琴，每天都要练，每天都要弹，他难受，我难受，老公看着我们两个更难受。

我每天盯着时钟，三根指针在表盘上不厌其烦地转圈，一看快到该练琴的时候了，心里面就开始“咚咚”打鼓，紧紧闭上眼睛，像是催眠自己一般默念：今天一定不能发火，一定不能发火……

我尚且如此，想必孩子的思想负担要远甚于我。身处这场周旋的我们，构成了一个尖锐的三角形，孩子是最弱的一角，向左看，向右看，一边是钢琴，一边是我，两个都是他无力对抗的巨型生物，让他带着满心的抵触、满心的别扭，日复一日在一片他爱得并不深沉的土地上劳作耕耘。

老公不忍心：“这么强迫孩子，何必呢？”

我也看不懂我自己，明明对八八空间的小朋友们那么有耐心，可面对自己的孩子，恨铁不成钢的心情每每就像开了闸的洪水一样泛滥成灾。

某一些气血上涌的瞬间，连他可爱的小手也变得可恶起来，惹得我不由自主就打了下去：“告诉你多少次了，手形不对，怎么就不能把手背拱起来呢，明明是这么简单的姿势！”

他的小手在夜里肿得通红，我半夜起来去给他盖被子，看到他露在外面的小手，心里一酸，又心疼，又后悔，几滴眼泪就掉在上面。

我的纠结，他浑然不觉，睫毛微微颤动，小胸膛一起一伏，是在做梦吗？不知道他会不会梦到妈妈，梦里的妈妈是不是白天那副不近人情、面目狰狞的样子？

耳边又响起老公的话：“何必呢。”

我自己也去反思：可能我觉得简单，但他未必觉得。我应该考虑他的年龄，如果在像他这么大的时候把我放到钢琴前面，我的表现未必比他好到哪里去。

这架钢琴他弹了四年，在琴键上游走的小手长大了好几圈，然后有一天，他认真地对我说：“妈，这琴我不弹了。”

黑白键上的迷宫，他不肯走了。本来也不是他自己选择的这条路，这四年，权当是一次试错吧。

我说：“爸妈还是希望你能培养一点艺术兴趣，既然不想学钢琴，那就先放一放，你喜欢什么，就选什么来学吧。”

他选择的是画画。

很显然这是受到爸爸的影响。多少年来，他几乎每天一睁开眼睛就看到爸爸戴着眼镜，在书房里伏案作画；另外，回头想想，从国内到国外，我们真的带他去过许多美术馆，看过许多场展览。绘画、雕塑，这些是他从很小的时候就已经开始接触了的，看这些东西的时候，他会很乖，跟着我们一件一件非常认真地去欣赏，从没抱怨过“这个没意思”“那个看不懂”。

我们没有刻意做任何引导，他对绘画的热爱还是水到渠成。

索性反过来吧，把思路换换，不是按照我的意愿，而是尊重孩子的意志去帮他完成心愿。孩子不是我们的作品，他是自己人生的执笔人。如果用我们的头脑替他做选择，少了发自内心的动力做支撑，无论做什么，他终究还是难免半途而废。

我们理所当然地以为，自己是大人，想得一定比孩子周到。事实上我们为孩子考虑的种种，孩子自己未必不去想，可能他的自我塑造意识和自我保护意识比我们更强。

带他去法国，他大概是从我们的闲谈里得知那时法国的治安情况不是特别好，发生了几件劫案，于是就一本正经地叮嘱我："妈，你出门时低调一点，不要背名牌包好不好。"

有时候在酒店里，他会突然提出来："爸，今晚上我跟你睡吧。"

我惊奇："为什么呀，平常不是总说要跟妈妈睡吗？"

后来一想，明白了：因为爸爸强大呀。曾经有人采访他，问"觉得爸爸是什么动物"，他回答的是："大熊。"离开熟悉的家，暂时找不到安全感，万一遇见坏人，跟爸爸在一起，强大的爸爸就可以保护他。

毛头重感情，这一点最像老公和我。无论对家人还是朋友，他总是抱着一种非常善良的心态去解读和回馈别人。

毛头过生日的时候，我会邀请他的同学和八八空间里我特别喜欢的一些小朋友到家里，大家除了吃吃喝喝，我也会提议让每个孩子带着一个节目过来，载歌载舞，尽量过得有意义一些。

每个来参加聚会的孩子都会给毛头带件生日礼物，我也提前准备好礼品，一一回赠。这种礼尚往来被毛头看在眼里，有一次他忽然说："妈妈，我想请两个同学来家里玩。"

我表示赞同，觉得就是小孩子聚在一起玩玩，也没多想。

结果到了当天，毛头忽然对我伸出手："妈妈，礼物呢？"

我一头雾水："什么礼物？"

“万一同学过来，带了礼物，我也得回赠呀，就像生日聚会的时候一样。”

我二话不说，立刻出门去买了一支笔。这种礼数是好的，必须鼓励。

路上我不禁感叹：自己平时的一些做法，真的会被孩子看在眼里、记在心上，从而影响到他性格的形成。孩子的想法、认知这个世界的方式，我们真是没有办法去揣摩的，只能尽力去倾听、去理解，然后以平等的姿态去引导和交流。

住在城堡里的小蚂蚁一天天长大，直到现在，他在美国帆船夏令营里，驰骋在天与水的交界线上，做了海上的小勇士。

有句俗语叫作“女大十八变”，实际上男孩子的心理成长往往更是一日千里。毛头的思想日新月异，我面临的挑战则是跟上他的步伐。

这一趟旅行，来之前，因为整理旅行箱的事，毛头和姥姥之间还发生了小小的不愉快。

从第一次旅行起，我就开始着手教毛头装旅行箱。经过多年训练，他的技术已经炉火纯青。取舍、分类、节约空间，样样在行。

这次也是一样，出发前夜，他轻车熟路收拾好行李，把小箱子拉到客厅里靠墙立好，对坐在沙发上的我得意一笑：“妈，我都收拾好了。”

我点点头，继续忙我的事情。

这时，姥姥过来了，看到行李箱，三下五除二，放倒，拉开，一件一件把东西拿出来，摆到地上。这项的浩大工程刚进行到一半，毛头正好从屋里出来，顿时吓了一跳：“姥姥，干嘛呀？”

“看看你忘带东西没有。”姥姥手上忙着，头也不抬。

“我收拾了一个下午才装好的……”毛头苦着脸。

“等检查完了，我按原样帮你装回去。”

我家的小暖男。

毛头就苦着一张脸回到了房间里，嘴上没说什么，但意见早就挂在脸上。

入夜，我和妈妈聊起这件事情，她也耿耿于怀："毛头是不是不高兴了？"

我能说什么呢，不过是两边安慰："那个箱子，他已经会装了，不如我们就不要去管他。他自己辛辛苦苦装好的，你一翻，全乱了，他难免不开心。"

"我不检查，怎么知道他水杯带了没有，衬衫带了没有？充电器、纸巾、创可贴，出门在外都少不了，万一他忘带了怎么办？"

我说："那就忘带了呗。"

这次少拿一件，知道不方便了，那等下一次，他自然就会记得带了。

"妈，毛头不是小孩子了，咱们总不能一直拖着他，不让他长大呀。"

成长的事，都是小事，却又没一件小事。孩子自己的力量变大了，家长手里这根细细的风筝线就要稍微放开一点，否则即便遇到再好的风，他也借不了力，飞不起来。

孩子与我们的相处模式不断进化，作为家长，姿态很重要。这些年里，我慢慢甩掉自己作为管理者、指挥员高高在上的姿态，在亲情之外，努力去赢得孩子的友情。

孩子，尤其是男孩子，个性里终归是有一些倔强在的。毛头刚刚进入青春期的那一两年，叛逆的苗头从各个方面显现出来。这时若还针尖对麦芒，必然要两败俱伤。

从前他拿着不怎么好看的成绩单来找我签字，我可能把脸一板："你怎么考这么低的分？"但现在更多是以朋友的姿态，以一个温和的角度切入："其实学习这件事情，爸爸妈妈不是非得要求你考 80 分、90 分、

100 分，拿这些说明一切。”

原本准备来听说教的他，表情一下子就松弛了。

“毛头，老师对你好吗？”

他看看我，疑惑地点了点头：“很好啊。”

“可是你拿这个成绩，会让老师不好过的。”

他一愣，显然是没想过这个问题。

我接着说：“学校对老师是有要求的，人家会划分数段，会算平均分。老师那么认真地工作，他的水平是要借助你们来体现的。那你是希望给老师加分，还是减分？”

下一次考试时，毛头的成绩上去了，还受到了表扬。

这孩子就是这样，你和他说，你万一做得不好，会给你自己带来什么损失，他可能不以为意，损失就损失呗，该不做还是不做。但要是说，因为你没做好，会让别人受到损失，会为集体抹黑，他往往就会认真起来了。

按年代算，毛头属于最张扬个性的“00 后”，但我却一定要把这种集体观念早早树立在他心中。这不只是多年军旅生活教我养成的思维习惯，更多的，我认为即便对于注重个性的这一代孩子而言，集体主义仍然不是一个带有时代沧桑感的词汇。它所蕴含的包容、大气和智慧，是不会过时的。

对于毛头而言，这种气度，尤为重要。

无论我多么不愿去深究这个问题，依旧不得不面对：毛头是名人之子。即便我们再怎么低调，这个身份和这个身份所带来的影响还是会伴随他一路成长、成家立业，甚至直到我们不能再陪伴他时，这份影响依旧会常伴他左右。

这一份影响，我们不知好坏，也不知深浅长短，能为他绸缪的，或许就只有一份乐观豁达的心态。

父母的起点高，因而孩子自降生起就无法选择自己的高度。高处不胜寒，抵御寒冷的羽翼，他未必已经长得丰满。随着不断长大，他会听到越来越多来自四面八方的声音，接纳得越多，属于自己的空间就越狭小，他也就越可能陷入迷惑。

人在一生中会走入很多迷城，如果总是以自我为中心去思考，往往就会招致更多的烦恼。但如果他不那么自我，把对自己的关注转移到对别人的关心上去，这份气度就可以帮他渡过一些过不去的关口、走出一些走不出的困局。

老公常说："孩子有一个好的性格，是比什么都重要的。我希望他成为一个正常的孩子，这就足够了。"

对于这一点，我举双手赞同。

在我们的有意引导下，毛头的确练就了一副温润的好心态。什么事情，今天批评完他，无论当时多沮丧，明天一起床就还是笑呵呵的，好像夜晚就是他的橡皮擦，睡过一觉后，所有的不快就都被擦掉，再也记不起来了。

老公对这一点颇为满意："你想想，到了社会上，这样的心态真是太有优势了。什么委屈，什么挫折，全都不怕。要是你一说他，他连着好几天都郁郁寡欢的，那非憋出病不可。"

在我们为他倾力打造的城堡里，毛头的童心被保管得很完好。这本是我希望看到的，但我看着他的笑脸，竟然有点怕了。

眼前这位小"暖男"，总有一天是要走出这座城堡的。在这个社会中，他几乎一定会碰到让他伤心的事情：事业方面的、感情方面的、舆论方面的……作为妈妈，当然希望孩子能够永远以赤子之心与外面的世界相对，但矛盾便产生了：心越柔软，受伤害时，创面就越大；要想百毒不侵，难免先要让心的外面长出一层茧，但这层茧一旦长出来，就再难去谈什么纯粹的童心了。

另外，我还有一层顾虑：不同于老公的完全不做要求，我作为妈妈，还是希望毛头同学能够事业有成的。

这“事业有成”，不为物质享受、浮华名利，只为享受奋斗和争取过程中的酣畅淋漓，在起落成败中跌倒、再爬起，完成一个男子汉应该接受的试炼。

无论做什么，我希望他可以成为这个领域中的排头兵。如果说塔尖上太挤，不争一席之地，那么至少在做某件事情的时候，还是要拿出一些成绩，证明自己的专业性——但毛头未必就有这份欲望、就怀着这颗野心。

他的心态太好，恐怕不愿去和别人竞争；多了一份温吞，就少了一分锐气。

也许是我贪心了。可为了孩子，哪位妈妈不贪心呢？

总之，如果毛头读到这里，妈妈想对你说：无论将来要面对什么，最重要的，希望你像爸爸所希望的那样，保持一个正常的心态，坦荡而且坦然；然后，对自己有一个要求，心里面怀着一个梦想；最后，看准方向，勿忘初心，一步一步坚持下来，就可以了。

我最怕他因为放弃的成本太小，就不坚持了。成败都不可怕，倒是人生若没有波澜，实在可惜。

毛头懂事后，老公和我对他说得最多的就是：“18 岁以后就要靠你自己了。”

在他成人之前，我们就带他住在城堡里，让他充分体验家里的幸福和快乐，培养出一个健全的性格。等无忧无虑的童年和青少年时光过去了，我们也必须狠下心来，把撑在他头顶的保护伞收拢，放他去过独立的生活。

至于毛头将来要不要从事艺术，会不会接谁的班，他自己心中有数，而命运更有一番安排。譬如说我的妈妈，在我十几岁的时候，她也不知道我会入伍、会嫁给朱军，更不知道二十年后的我们会身在北京。

生命的奇妙在于生命充满变数，我们有我们运行的轨道，儿子有儿子前进的方向，未来的事，谁知道呢？

我们的缘分，我们的牵绊，早已经浓缩进他名字里的一个“思”字。无论他将来飞得多高，到哪里落脚，我们永远思念着他，而他也会永远思念我们。

毛头受爸爸的影响喜欢绘画。

2014 年 7 月，在法国毛头
与爸爸一起速写。

不做导师，只做谭老师

背景是居家生活田园风格的碎花墙纸，背景是旅途中偶遇的蓝墙白窗风情小店，背景是露台上装点着粉红色盆花的午后咖啡馆，而主角无一例外是一位位年轻的妈妈带着她们乖巧漂亮的女儿，母女二人穿着一大一小同样款式的衣服，面对镜头，露出幸福的笑。

她们穿着蕾丝衣裙、森系套装、暖色毛衣、拖地白纱……照片下面的评价是点睛之笔："这是全世界最美的撞衫。"而标题是《一辈子一定要有个女儿，一起穿上母女装，晒幸福》。

在网站上看到这组图片的时候，我心里艳羡非常。羡慕过后，轻轻一叹，大概我的遗憾，就是没有女儿吧。

转念一想，不对呀，我明明有女儿嘛，八八空间那么多可爱的女孩，都是我的女儿啊。

这并不是我的一厢情愿。选一个课间，在八八空间的走廊里逛上一圈，立刻就有不少和我相熟的小女孩跑过来打招呼，大一点的孩子就叫"谭老师"，年龄小的则奶声奶气地喊："谭妈妈，谭妈妈……"

第一次听到的时候，我立刻就追问那个叫得最起劲的小女孩："你要做我的女儿吗？"

她点点头，我也点点头："好啊好啊……"

有些家长谦恭地说：“孩子交到八八空间，您就是她的导师。”

然而比起做导师，我更喜欢做“谭老师”“谭妈妈”。因为孩子自己就有能力去谱写自己的命运，作为老师，我需要做的并不是指手画脚，而是守护和陪伴。

我请网站美工在八八空间的官网引导页面上设计了一个大大的“八八社区”图样。社区里总是上演着浓缩版的百态人生，和每一个社区一样，八八社区也汇聚了太多的成长故事。

多年前，表演班里有一位 5 岁的小女孩，我最初注意到她，是因为她是八八空间里唯一一个不愿意与我对视的孩子。每次看向她的时候，她永远都不敢直视我的眼睛。

我觉得很奇怪，于是就不露声色地对她多加关注——不露声色是尤为重要的，越特殊的孩子，就越怕被特殊照顾。现在的孩子非常敏感，如果我们表现出对她的另眼相待，其他小朋友很容易去放大这种“不一样”，那反而是害了孩子。

留心之后，我发现这个孩子一直都是由爸爸来接送，这位爸爸对女儿关怀备至，有时候送她进了教室，自己就坐到走廊的长椅上，看着女儿教室的方向，一直等到孩子下课。

找了个机会，我上前说：“你这位爸爸太合格了，每次都亲自来陪女儿。”

他的笑里却带着几分苦涩：“谭老师，我一点都不合格，我来陪她，是因为觉得对不起她。”

一问之下这才知道，这个女孩刚出生不久，他们夫妻就忙工作、忙生意，把孩子寄托在楼下的一对老夫妻家里。结果那对老夫妻喜静，性格内向，再加上上了年纪，两个人待在家里，可以一整天不说一句话，连电视都很少开，除了冰箱压缩机的制动嗡鸣，家里面几乎一点声音都没有。

半年之后，这对年轻的爸爸妈妈开始觉得不对劲了。

从前活泼好动的宝贝女儿越来越安静，越来越木讷，回了家一声不吭，对爸妈都不敢用正眼去看。有时候暗中观察她，发现她经常盯着一个地方，或者是墙角，或者是地板上的一道裂缝，一盯就是大半天，眼神是空洞而迟缓的。

家里来了客人，要看看孩子，好不容易把她哄出房门，她还是躲在爸妈身后，小手紧紧攥住爸爸的衣角，手心里全是汗。

客人是这对夫妻的密友，临走前悄悄说了一句："宝贝这样可不行，万一是自闭症，这辈子不就完了吗？"

"自闭症"三个字虽轻，却有如汪洋大海里翻起的滔天巨浪，狠狠拍打着这对父母的心。

医生说，孩子还小，幸好发现得早，不难恢复。父母要多陪孩子，多出去走走，带她接触陌生人，逐步消除孩子的恐惧感。

他说："我觉得女孩和父亲在一起更有安全感，所以就不工作了，现在专门带孩子。谭老师，你能好好教教她吗？"

我说："你放心，现在我知道了孩子的情况，以后就着重培养她的自信心。"

表演课上，我教完一组动作，请学员们出来做示范。其他小朋友都把手高高举到老师眼前，她却一点一点向后蹭。

下课之后，我找到她："你不喜欢谭老师的表演课吗？"

她怯生生地看了我一眼，又迅速把头低下去，用细细的声音说：

“喜欢。”

“那为什么不愿意给老师表演呢？”

她不做声。

我说：“等到下一节课，做示范的时候，你一定要把手举起来，只要你举手，老师一定第一个请你上台。”

她犹豫着。

“其他小朋友都抢着要这个机会呢，老师相信你，才把这个重任交给你的。你和别的小朋友都一样呀，所以一定能做好，对不对？”

一转眼几年过去了，现在每一个看到这孩子的人，见到她炯炯有神的目光，根本想象不到，她曾经因为父母的疏忽，险些走进一个死角落里。

她的爸爸、妈妈，还有我们八八空间，齐心协力把她从角落里解放出来了。我觉得欣慰，因为这样一个懂事漂亮的女孩子，我曾经以合适的方式，拉过她一把。

虽然这孩子已经不上我的表演课了，但是她还在学跳舞，或者即便哪天她不跳舞了，甚至离开了我们八八空间，至少她在这里走过了从黑暗到光明的一段历程，到今天，这个孩子或者她的父母，一提到八八空间，都立刻竖起大拇指，我们这个机构的价值，不就已经实现了么？

类似的情况，还真的不少见。

这些年，有越来越多的家长带着孩子过来：“老师，我们来学习，不是为了拿奖或者考学，只要能让我的孩子开朗一点、自信一点，就行了。”

在这一点上，我们和家长的心思是一样的。我们都希望从八八空间走出去的孩子，他们最大的优势未必是歌唱得多棒、舞跳得多好，而是他们有着开朗的性格和乐观的心态。

而无数的事实证明，在具备了这些素质之后，孩子们想学得不好都难。

三年前的一天，一位害羞胆小的“小可爱”在妈妈的带领下，坐上海淀金源时代购物中心的电梯直达六层，第一次走进了八八空间的长廊。

在粉红色童话般的世界里，这位小女孩透过明亮的玻璃窗看到了教室里面正在上课的小朋友们。

女孩个子太小，就向妈妈伸出双臂：“妈咪，抱抱我，我要看姐姐们跳舞！”

妈妈于是把她抱起来，她看了一会儿，坚定地扭过脸：“学校的老师告诉我们，小天鹅就会跳舞，宝宝也要学跳舞！”

妈妈一口答应：“好的，妈妈现在就给你报名。”

在孩子自己的要求下，妈妈为她一口气选了民族民间舞、声乐、主持表演三门课程，后来又加报了钢琴课。

前台工作人员见小女孩可爱，就直接问她：“你叫什么名字呀？”

女孩甜甜一笑：“我叫何一兰。”

我是在两年多以后才和这孩子熟悉起来的，契机是她由于表现优异，经金源校区校长亲自推荐，来参加我艺术团小班的面试。

后来，她就成为了班级的一员，跟着我学习童话剧。但凡全面发展的孩子，我们都希望给她一个来艺术团学习的机会。在这里，包括声乐、舞蹈、主持、表演等特长都不会被浪费，孩子可以将此前学过的所有艺术门类进行升华和整合，得到全面的锻炼。

随着和孩子接触的增多，我与孩子的家长也越发熟稔起来。有一次，我们聊起孩子刚进到八八空间时的情景，一兰妈妈笑着说：“第一次上舞蹈小课，她课间休息时是哭着出来的。原以为她会喊苦喊累，甚至嚷嚷着不学了，可是她却一边抽噎，一边坚强地说：‘妈咪，虽然很累，但是我不会放弃的。’那是我第一次由衷佩服我的宝贝女儿，觉得她真的长大了。”

这三年来，几乎每一次考级、比赛、公益演出，一兰都不会错过。她收获的不只是一沓沓荣誉证书，更多的，是磨炼了心智毅力、培养了审美情趣，从幼儿园里安安静静的小姑娘成为了老师、家长和小朋友们眼中的焦点，收获了自信的力量。

一兰的年纪还小，而更早进入八八空间的学员们，已经在同伴和老师的见证下，完成了从童年期到少年期的成长和蜕变。

2013 年度“CBDF 中国杯巡回赛”总决赛的赛场上，曼妙的音乐徐徐奏响，银色灯光倾泻在每一位舞者身上。舞池中央有一位少女，精致的面孔上化了华丽的天鹅妆，与舞伴珠联璧合，舞步优雅，顾盼生姿。

这位女孩，后来和舞伴一起站到了这场比赛的最高领奖台上，来给她加油的朋友忍不住在观众席上骄傲地喊出她的名字：“焦玥涵，太棒了！”

这位名叫焦玥涵的姑娘是我的第一批学员。小学三年级的暑假，她收到了我们的招生宣传单，觉得很感兴趣，就拿回家给妈妈看。妈妈觉得，反正暑假也没什么安排，不如让她来试试看。

那时候她还小，又黑又瘦，但是四肢修长，身材比例很好，我对她的妈妈说：“这孩子是块跳舞的料子。”

那个暑假，她就在八八空间里度过，同时学了拉丁和表演，这两门课她都非常喜欢。她的妈妈不时感慨道：“真是奇怪，咱们请来老师在家里给她补数学，她这个耳朵进，那个耳朵就出了，可是一说跳舞，精神头全来了，一连跳六个小时都不会累。”

小学毕业那年，我建议她去考舞蹈附中。焦妈妈还有点举棋不定，怕把专业定为舞蹈，以后出路会很窄。我却冒着“误人子弟”的风险一劝再劝：

"孩子的兴趣在舞蹈上，你把她限制在文化课的教室里，她学得也不开心。再说舞蹈不只能用来谋生，一个女孩子，气质佳、身材好、多才多艺、眼界开阔，这不都是竞争力吗？"

后来焦妈妈决定接受我的建议，我就为她推荐了中央音乐学院附属学校的拉丁舞系，正好系里的梁思源老师是我的好朋友，他在拉丁舞界早已享有盛誉，玥涵跟着他学习，一定不会差。

玥涵没有让我们失望，被顺利录取了。她的条件本来就很好，到了专业的学校里接受系统的训练之后，更是突飞猛进。

现在的她，一米七几的个头，亭亭玉立，原本肤色偏暗的劣势也因为拉丁舞这个专业而转变成了优势——拉丁舞是由国外传入的，评委们倾向于看到表演者有着象征健康与活力的小麦色皮肤。

如今，刚刚度过成人礼的她，辗转于各大舞蹈节上，结交到了许多志同道合的好友，过着多年前从未设想过的生活。

每每在人前提起她，我都说："这是我们八八空间里由'丑小鸭'变为'白天鹅'的实例。"

类似的例子并不鲜见。许多孩子来报名的时候，没有爱好，没有特长，几乎都是丑小鸭的状态，但是通过在八八空间的学习，有的顺利进入了专业院校，有的凭借艺术特长考取了著名高等学府，即便在学业上没有借过艺术特长之力，也不曾拿过什么奖，但艺术的殿堂，哪怕只叩开一次，孩子也会变得不一样——至少他们可以带着艺术的眼光，去观察、欣赏、拥抱这个世界。

今年教师节，我收到了来自四面八方的祝福邮件，在众多信件中，我的目光瞬间就被其中的一封吸引了，因为"发信人"一栏显示的是一个无比熟悉的名字：党昇。

成为党昇的老师时，我自己还是一位学生。那时我在“军艺”上学，结识了表演课老师牛娜，当时她在北京电视台，给七色光艺术团上表演课。电视台请她再推荐一位老师过去，她就想到了我。就这样，我成为了七色光的兼职表演老师，而党昇就是我招进艺术团的学生。

七色光艺术团每年进行一次考试，通过的孩子就可以进来学习。党昇来面试时 5 岁，个子小小的，声音小小的，鼻梁上还架着一副小眼镜。

我见到他的第一感觉是：这孩子真好玩儿。

“你会唱歌吗？”

他摇摇头。

“那跳舞呢？”

他又摇头。

站在一旁的妈妈开口了：“谭老师，能不能给孩子一次机会，让他表演点什么。”

我说：“那好吧，党昇，你演一只小白兔，它在拔萝卜，但是萝卜太大了，拔不动，突然又发现有大灰狼过来了，就急急忙忙找个地方藏起来。”

他没学过表演，但充分地展现了自己的表演潜力，在我面前一点儿也不拘束，把发现萝卜时的兴奋、拔萝卜时的吃力、发现天敌时的紧张，都非常传神地通过表情演绎出来。我觉得他是有潜质的，可以进来试试。

那一批考生的素质普遍不错，当时名额已经非常紧张了，但我还是为他争取到了进入艺术团培训班学习的机会。一年后，他转入七色光艺术团，后来由于表现超群，又被我推荐到北京电视台和中央电视台去应聘主持人，他也凭借自身的实力，出演影视剧、做配音、拍摄广告、参演 MV，至今仍是央视少儿频道《大仓库》栏目的主持人。

八八空间成立后，他又跟着我过来，是和八八空间一起成长起来的元老级学员。

去年，他的妈妈找到我们，当时他已经是美国科罗拉多大学传媒专业的学生，以后想继续申请在美国读硕士研究生，想请朱军老师和我为他写一封推荐信。

我们和他的妈妈本来就是好朋友，于是欣然答应。今年八月，我们听到喜讯：他顺利被位于华盛顿的美国大学录取，将在他心仪的大学里，攻读他最喜欢的电影与电子传媒专业的硕士。

邮件最末还附上了他今年五月本科毕业时的照片。照片上的他身着学士服，手捧学位证书，一米八零的个子倚在一处围栏上，露出自信的笑容。远处，是洁云碧空掩映下的科罗拉多大学宏伟的校园建筑。

这些孩子，都通过自身的努力，借助八八空间的平台，成为了八八空间的“明星学员”。

“明星学员”是八八空间的日常评选项目，旨在发掘具有艺术潜质的学员，鼓励孩子们积极训练、勇敢展现自己。八八空间的官网为这个项目特设了一个专栏，时刻滚动着入选学员的艺术照，照片旁边附上一位位“小明星”的名字和他们长长的获奖纪录。

这个版块面积不大，却最吸睛，几乎所有八八空间的小学员，都以登上这个光荣榜为目标。

当初开会讨论“明星学员”这个项目的时候，我着实纠结了一会儿。纠结，是因为想到了不久前发生的一件事。

有一位女孩子，在八八空间成长得非常快，课堂上备受老师的赞赏，活跃在学校各个艺术节和晚会上，平日里自信不疑，落落大方，和同龄人站在一起总是占尽风光。

就在这个光鲜美好的表象之下，有些东西在悄悄地发生变化了。在孩子身上倒看不出什么，但是家长的一些想法的确让我们大吃一惊。

某一年假期，我兴致勃勃地张罗着给孩子们排演一出童话剧。角色敲定之后，第一次排练结束后，没等我说话，有一位家长就冷着一张脸开了口：“女儿这学期没有学到什么，我们以后不学了。”

我一愣：“怎么会呢？她表现得很好呀，前几天我还表扬过她……”

家长却有理有据地打断了我：“以前排什么剧目，她都是主角，可是这次只能做群众演员，这不是退步了么？”

我就像是被一语点醒的梦中人，在他们凌厉的目光里愣住了。

还能怎么办呢？也只好顺其自然。选不选择八八空间是人家的自由，既然要走，我只能目送一程。看着他们一家三口推开八八空间的大门，渐渐远去，这情景竟然好似当年两个人带着孩子来报名时一样。

这个女孩是零基础的学员，她一路如何脱胎换骨，如何慢慢散发出光芒，我一一见证，历历在目。现在她不用开嗓，也不用起舞，只要往那儿一站，就没有人不竖大拇指，但却因为这样的一件事情，家长不再买八八空间的账，我们的师生情分也尽了，说不遗憾是假的。

遗憾之外，更多的是反思。这件事情就这样解决掉了，走到这一步绝非我的本意，但这其中，我就没有责任吗？

心理学中有一个名词叫作“投射作用”，是指个体会将自己具有的冲动、动机、态度和行为转移到他人或周围事物上，认为他人或周围事物也有同样的动机和行为。

舞台上的位置、集体中的地位，我自己看得并不那么重，便以为别人也都能淡待，但显然未必如此。

我创办八八空间的初心从来没有变过，就是希望孩子在这里快快乐乐地和艺术相亲相爱，得到在日常生活中得不到的舞台体验。这份初衷很简单，那么究竟是家长们想多了，还是我想得太少了？

或者，那个女孩的父母也未必就觉得：我女儿已经是“角儿”了，到何时何地都要演主角、做独唱、跳领舞……他们未必就是这么不通情理的人。平心而论，上一部戏里还是众星拱月的第一女主角，忽然之间就只能做众多绿叶中的一片，孩子心里必定会有落差，而我又没有及时进行沟通疏导，矛盾才会被激化；而家长，恐怕是觉得我们对孩子有了什么偏见，怕孩子的自信心受到打击，才会选择离开。

经此一事，后来，在排演剧目的时候，我会留意孩子们每一次的角色变化，从第一主角到只走个过场的小配角，我尽量让他们都去经历一下。

有些求胜心很强的孩子，非常刻苦，一直渴望做舞台上追光灯最眷顾的那一个。虽然论实力完全可以独当一面，我却还是暂时只让他做配角。

演出的时候，我就特意去做家长的工作，坐到他们身旁，孩子出来，只有一句台词，但演技是掩不住的。我会对家长说：“你看你儿子是不是很棒，只说一句话就赢得这么大的掌声。”

值得高兴的是，绝大多数家长看到我、看到八八空间的所有老师和员工，都是尽心尽力去为孩子创造一个大放异彩的舞台，还是能够明白我们的苦心，并给予最大程度的理解和支持。在此，我也想对八八空间里每一位还没有等来属于自己机会的孩子说几句话。

你们的谭妈妈、谭老师、谭校长，她是一个跳过八年群舞的舞者，也是一位做过八年配角的演员。我跳过无数支舞，也拍过无数场戏，真心认同两句话，一句是“人外有人，天外有天”；另一句是“没有小角色，只有小演员”。

人人喜欢当焦点，有谁不想做主角呢？但比起争抢那唯一的宝座，更有意义的是学习去做一个懂得为别人喝彩、给别人鼓掌的人。

每一次表演之前，我们为一张张稚嫩的小脸化上专业的舞台妆，是为了配合灯光效果，给观众以美的享受，而不是去雕饰或伪装什么。

无论怎样，我都相信，孩子们最在意的应该是真实的东西，是练一千次声、踢一万遍腿，是“练了舞蹈才知道，冬天可以只穿一条练功服；肌肉拉伤是那么的疼却又那么平常；排练厅的任何地方都可以当床；一起练功的人，不管在哪，都可以‘铁’一辈子；坚持的意义，就是没有任何困难是克服不了的”！

至于“模特”“明星”这些头衔，它们高高地飘在天上，是抓不住的。真正的艺术不会让人急功近利，真正的艺术会让人脚踏实地。学习艺术，是为了用更美的心灵去和生活亲近，而不是用名利把自己包装起来，与生活隔离。

但即便经历了这些风波，我最终还是决定，优秀学员展示区就定名为“明星学员”。纵使回避掉“明星”这个字眼，却回避不了这“明星问题”。那就索性大大方方，正面接受，直面挑战。我有信心，我这个“当家人”不持导师态度，我的“明星学员”们也不会有“明星姿态”。

在此衷心祝福每一位不会把自己当成明星的“小明星”，希望你们能够通过坚持不懈的努力，让自己变得更美好，也让世界变得更美丽。

D A N C E

谭校长说

不同舞种同时学，综合能力更卓越

“您家孩子四肢修长，是学拉丁的好苗子，不报个拉丁舞班太可惜了。”

“可是她已经学芭蕾了，我们觉得让她专心跳一种舞就好，一口气学太多，会不会学成‘四不像’呀？”

这样的对话在八八空间一点都不罕见。许多家长都怀有这样的疑问：不同类型的舞蹈，可以一起学习吗？

我的答案是：当然可以。“芭蕾 + 拉丁”更是多年以来被无数家长和孩子选择并认可的舞蹈课程组合。

说到这里，还是要提起“超流畅 11 岁女孩现代舞”的视频。在女孩的表演过程之中，芭蕾舞和现代舞被巧妙地编排在一起，为整场表演注入了巨大的张力——芭蕾，公认的传统而古典的艺术形态，为什么要糅合先锋前卫的现代舞元素呢？正是因为二者的碰撞可以激发明艳的火花，创造惊艳四座的美感。

诚然，家长们的顾虑不无道理，在某些情况下，如果因贪多而胡乱地学习艺术，各种技艺有可能相互影响和损害，但只要有专业团队的科学指导，孩子所学的内容非但不会冲突，更可以相互增色、共同升华。

“专精”固然是一种能力，但“综合”同样是一种能力，而且多种能力的“综合”未必就会妨害其中每一项能力的“专精”。就我个人经验而言，我学习舞蹈时就是以芭蕾为基础，拉丁舞、民族舞等其他类型的舞蹈也同步跟进，完全不会冲突，而且可以在不同舞种的切换中反复巩固基本功，调剂兴趣，融会贯通，大大提高了学习的效率和进步的幅度。

当然，多类型舞蹈同时学习也是有前提的，并不是凭想当然随意搭配，而是仰仗了专业老师科学化、系统化的指导。我是综合学习的受益者，这一份经验促使我在创办八八空间之后，格外强调“系统”“科学”“专业”“综合”的重要性。

可以说，舞蹈有门槛，因为学舞蹈需要得到专业人士的引领和指导，仅凭个人摸索很难成才。譬如“从擦地开始，才能跳芭蕾”，譬如“想要起舞，必先站稳”，这些理论都浓缩了先辈舞者的经验精华，会在八八空间的日常授课中点滴浸润，春风化雨。

但是，舞蹈的门槛不高，至少不像大多数人所想象得那么高。无论年龄高低，不论基础如何，但凡希望在舞蹈世界、艺术殿堂探索未知自己、点亮生活色彩的朋友，都可以到八八空间来获得一份艺术初体验。

我始终坚信，专业团队就是艺术与大众之间的纽带和桥梁，八八空间会根据每位求艺者的个人情况为其量身打造课程计划。舞蹈、音乐、表演，怎样学习？芭蕾、拉丁、爵士，如何“混搭”？面对这些困惑，我们都能给出专业的建议。“因爱而生，因爱而舞”，我们始终致力于将舞蹈魅力广泛传播、使艺术体验触手可得。

第六章 | 艺术社：让空间大于时间

创造舞蹈的独特时空，让文艺与生活和谐相处。

L E A D　D A N C E R

女神论

夜已深，点亮一盏暖黄色的灯，光线斜斜打在梳妆台前，这是一天里最放松的时刻。我坐在镜子前梳头，忽然惊诧地“哎呀”了一声。只见乌发丛中，突兀地冒出一根银丝。我慌乱地想用黑发把它紧紧盖上，然而如何藏得住？无论怎么摆弄，过一会儿，它还是像退潮海滩上裸露出的鹅卵石，又招摇地浮现到最上层。

“老公，我也有白头发了。”

“到你这个年龄，再不长白头发，连我都要害怕了。”

道理我都懂，但第二天一早还是抓起电话打给姐姐：“当初我怀毛头的时候，你给我买的那个芝麻核桃粉是什么牌子的……”

仿佛时光倒流十几年，每天早晨，我开始在牛奶或稀饭里加两勺芝麻核桃粉。当初是为了儿子能有一头乌黑的新发，现在则是为了拯救自己濒白的青丝。

自古美人如名将，不许人间见白头。当我抗拒白发的时候，其实是在抗拒什么呢？

白发可以拔掉，可以染色，只要我不想看见，就可以轻易让它消失。我出手，它便毫无还手之力，然而这胜利又有什么意义？即便我有假想敌，那也应该是一根根白发身后的大老板：时间。可我不会与时间为敌，反而要对它心存感激。

时间是事物的尺度，是我们活过的证据。它是冷酷的，但更是慷慨的：岁月流逝，它的确会剥夺一些东西，但也一定会赋予我们更多的东西。

譬如韵味，譬如艺术造诣，譬如不急不躁、厚积薄发的一份定力。这些不怕火炼的真金，若没有时间的加冕，是无法绽放光辉的。

今年早春时节，我写好了为“八八空间女人节特别活动——女神驾到”准备的演讲稿《如何做一名精致的女人》。

3 月 7 日下午两点半，我特别邀请来的嘉宾们驾临八八空间，与六十余名心存“女神梦”的女性朋友们共同开启了这场美丽女人分享派对。

明亮灯光的映照下，欢快热烈的气氛里，我望着一张张虽不年轻却神采飞扬的脸，看着艺术、保养、美妆等各个专区前勇于美丽、敢于美丽的身影，默默地想：每一天都是一场来自岁月的考验，我们全副武装、有备而来，那么衰老怕是要望而却步了吧。

哪个女人不想做女神？说不想的都是在骗人。

年轻的时候，“女神”门槛很低。窈窕挺拔的身段、白皙紧致的肌肤来得理所当然。即便贪嘴一点，多吃些炸食和甜品，也能倚仗高速运转的代谢系统迅速运化掉；即便贪玩一点，把通宵和熬夜当作家常便饭，但倒头睡去，再起床时，镜子里依旧是一张水光润泽的脸庞。

青春无敌的女孩们，只需稍稍用心妆饰，再在穿衣打扮上花些心思，分分钟便可以成为一位小小的“女神”。

那么，是无情岁月败了如花容颜，偷走了我们做女神的权利吗？

我却越发觉得，事实恰恰相反：不是容颜的老去使我们失去了做女神的资格，反而正是因为年纪和资历摆在那里，我们才有了由“女孩”晋级为“女神”的资本。

“女神”这顶王冠，若非时候到了、火候足了，还真的戴不起来。

做女神不是年轻人的专利，而是女性一辈子的事业。

女神也分很多种，有一瞬的女神，也有一生的女神。靓丽的外形若是没有内在的涵养做支撑，即便在最好的年岁、最美的时刻，也无非是“美则美矣”；唯有真正的女神，才能像名画、像经典，无惧时间的考验，越来越美，越老越有韵味，从生到逝，美足一辈子。

“母亲的一生很成功，每一次的选择都是正确而高尚的。她先选择了她的事业，然后选择了她的家庭。当我们长大后，她又选择了世界上那些不幸的孩子。”

这段话出自肖恩·赫本·弗雷之口，而他那位“一生很成功”的母亲，就是“受到上帝的亲吻”“飘落在人间的天使”——奥黛丽·赫本。

赫本的美为世界所公认，但俗世间从来都不缺美人。她年轻时以倾城之姿塑造的经典荧幕形象深入人心，但或许真正为她赢得敬重的，反而是她芳华老去、容颜不再时的善举。

赫本像是从童话里走出来的公主，却在人间饱受生活的磨折。她曾对儿子说：“如果将来我要写自传，开头会是这样：1929 年 5 月 4 日，我出生在比利时布鲁塞尔……六周后，我告别人世。”

九死一生的赫本，最终从百日咳、战乱、饥饿中幸存，但生命最初的多舛经历似乎预示了她略带忧伤基调的一生，极具“骨感美”的身材也由于是童年营养不良所致而蒙上了一层辛酸的意味。

她是无数男性心中不可亵玩的高贵女神，但在最终觅得灵魂伴侣之前，却有一前一后两次婚姻均以黯然散场告终。

1993 年，美国电影艺术和科学学院将奥斯卡人道主义奖授予她，此时她的生命已然结束，但她对全人类的影响，仿佛只是迎来了一个新的起步。

只有当外形上的加分全部扣除，女神的考试才正式开始。当花容和乌发都被岁月收回，每位女性即将迎来考卷上压轴的终极命题：如何老去。

年轻时用绝美的形貌惊艳了时光，年老后用心灵的光辉温柔了岁月，奥黛丽·赫本已经为我们提供了最优雅的答案。

曾被誉为“东南亚第一美女”的林青霞，在事业的顶峰时期选择了组建家庭，结婚生子，在嗟叹声中淡出了影迷们的视线。

二十年后，昔日女神为慈善事业复出，带着岁月为她沉淀下来的气质和韵味，也带着岁月赠予她的华发和皱纹，再度出现在众人面前。

电影里的玉女老去了，就像当年每个看电影的人一样走过了青春岁月、度过了中年危机、最终迎来安详舒缓的晚年生活。她老了，我们也老了，看着她眼角的细纹，我们不得不承认，世界上没有绝对“不老的神话”。但当年，在我们对世界满怀憧憬的年华里，她曾以最美的姿态出现，并用她的美丽告诉我们，这世界值得我们倾注绮丽的遐想，而我们也怀着这份遐想，与最美的她遥遥相伴——这不也是一个很温柔的故事吗？

老，并不可怕。人人都会老去，我们无权选择，但老去的方式，却是由我们自己决定。真正的女神，会运用她的智慧，选择以最聪明的方式慢慢变老。

2015 年 4 月 4 日是 92 岁的菲利斯·休斯的生日。她上传到社交网站上的一段精彩的探戈视频，让整个世界为她做出了一个惊讶的表情。

这位 92 岁的姑娘，在 50 岁时创立了自己的时装品牌；在 70 岁时成为作曲家，并学习了法语和意大利语；在 80 岁那年，她决定学习跳探戈，五年后又走入了瑜伽课堂。她的一句箴言，不知令多少年纪轻轻却暮气沉沉的姑娘惭愧万分：“你的身体里有两个部分：你和你的灵魂。你的身体不是真正的主人，你的灵魂才是最大的BOSS。”

什么叫作“青春不再”、什么叫作“未老先衰”？人的心一老，青春就即刻结束。连你自己都不把自己当作年轻人，还凭什么指望时光在你的身上放慢脚步，凭什么指望岁月对你手下留情?

无论何时，还愿意接受新鲜事物的人，还保留着对世界的好奇、乐于探索未知领域的人，注定不会速速老去。因为她们忙着更新自己，没有时间“垂垂老矣”。而当一个女人开始抱着时钟不放，不再向外界索取信息，没有补给，只有消耗，时间就会开始以成倍的速度碾过她的身体。

八八空间里就活跃着几位已过耳顺之年的“老”学员，年龄最大的一位已逾古稀。但她们与舞蹈为伴，与艺术为伴，过着“无龄感”生活，时间并不是她们的负担。我愿意叫她们一声“女神”，因为真正的女神，就应该兀自美丽，不理光阴。

无论是从她们身上，还是在“女神驾到”的现场，我都很开心地看到，女性同胞们越来越不怕老，也越来越敢于做自己的女神。

现在的每一个深夜，我依旧会点亮一盏暖黄色的灯。光线斜斜打在梳妆台前，这依旧是我一天之中最放松、最惬意的时刻。

梳头的时候，我会回想，在过去的一天之中又接触到了哪些令我耳目一新的信息；展望明天，想到世界又会以崭新的姿态迎接醒来的我，心里面只有期待，哪里还有闲情逸致去担心那根倔强的白发呢?

或许就是这样吧，想要做世人的女神，就先要做自己的女神；心怀不怕老去的一份自信，就一定可以自信地老去。

无关身材，无关体重，无论是胖也好，瘦也罢，要美丽，请跳舞。

文艺和生活不必相互折磨

今年夏末时节，我的微信朋友圈被《刺客聂隐娘》刷屏了。

“一半掌声，一半鼾声。”

“文艺小青年们吹捧出来的皇帝的新衣。”

“它是一碗精心制成的清汤面，面是百岁高人抻出来的细如发丝的上等好面，汤是走了十八里路运来的深山古泉水熬制而成，厨神出马，火候盐分拿捏得丝毫不差。客人们翘首以盼多时，面上桌了，迫不及待挑到嘴里一尝，哎哟，这也太清淡了，也太没料了！面条倒是不错，但是切两块牛肉一起煮多带劲呐！没肉也行，您老人家咋连鸡蛋也不打一个？再咂摸一番，发现酱油和醋都没加一滴，连根香菜都没有哇——看着就提不起胃口。”

关于这部饱受赞誉又备受争议的影片，我听到最响亮的一股声音还是：“太文艺了，我等俗人欣赏不来。”

或许是因为本就从事艺术工作，我对“文艺”二字异常敏感，而“太文艺了”四个大字所蕴含的不可言传的意味，我更是瞬间就心领神会。

我想到不时会被问起的一个问题：“你们搞艺术的，是不是特别活在自己的世界里？”

我会用一句玩笑来作答：“我是艺术教育工作者，我的目标是把艺术送进千家万户——全民艺术，天下大同，咱们不就活在同一个世界了吗？”

哈哈一笑过后，细细一想，可能真的被她说中了，我的确是一个活在自己世界里的人。

我从小就对童话情有独钟，现在，我自己的书柜里面。数量最多的还是童话故事书。无论走到哪里，我都习惯在包里放一本童话，坐车的时候翻一翻，就能构思出一部童话剧的雏形。

《拔苗助长》《狐假虎威》《皇帝的新装》等剧目在八八空间先后推出，这些都是我用零散时间里断续的思考拼贴而成的作品。请专业编剧来帮我完善文案工作时，其实整部剧已经在我的头脑里竣工。第一幕、第二幕、第三幕，包括开头要如何引入、结尾要怎样升华，舞台的灯光和布景，我全都心中有数。

不少老师颇感佩服：“这么短小的一篇故事，你居然能编出一个完整的剧目！”

我自信地挺直了腰杆：“我也是一位文艺女青年呀。”

老公觉得我连“青年”都算不上：“一高兴起来就像个小姑娘一样。”

他也不算冤枉我。小姑娘都喜欢芭比娃娃，我则把舞蹈娃娃当作最心爱的私藏品。青铜芭蕾舞娘、瓷质跳舞娃娃、单人、组合、系列……它们与我邂逅在某次旅行或出差的途中，被我从国内外各地独具特色的小商铺里搜罗过来，漂洋过海后落脚在我家里的餐桌、茶几、床头柜上。

八八空间里挂着我和孩子们一起拍摄的宣传照，照片上的我穿着白雪公主的服装，给孩子们讲故事。

一位新学员踮着脚端详那一组宣传照，半晌之后转过身去摇妈妈的手：“妈妈，我这才知道，原来白雪公主就是谭老师。”

我穿着白雪公主的服装，
给孩子们讲故事。

我喜滋滋地听着，这小女孩的话也是我的愿望。我从不避讳承认：“我一直把自己看作一个童话世界里面的人。”我喜欢用简单的方式去思考生活，用放大镜、甚至显微镜去发现细节中的美好。从清晨第一缕阳光到深夜最后一点星光，从花草树木到朝晖夕阴，我都愿意投去欣赏的目光；在路上，就算再赶时间，见到一只小猫小狗，我照样恋恋难舍，移不开视线。

从小到大一向如此，我就是这样，愿意相信邪不侵正、云开月明；相信善良和真诚会得到回报；相信在故事尾声，主人公一定会“从此过上幸福快乐的生活”。即便在遭遇挫折、跌入低谷之时，也没有什么能阻止我活在自行加了暖色滤镜的童话世界里。

“活在自己的世界里”这句话看似意味深长，多少带了些“与世俗生活格格不入”的尴尬，但我不觉得有什么不妥。每个人对生活都应该有自己的理解，不活在自己的世界里，难道要活在别人的世界里吗?

或许，“自己的世界”早已不是它字面的意思，而是指一个美好、简单、干干净净的理想世界。这个世界，是电影里演的、小说里写的、歌曲里唱的。它经过艺术的重重渲染，剪掉了现实生活里的灰头土脸和无可奈何，满满的全是腔调和浪漫。

当每位女性都还是一位对未来充满憧憬的小女孩时，不知有多少夜阑人静被手电照亮的小说和半夏艳阳天树影斑驳里的诗句打动过少女的心，又有多少部刻录了远方美好世界的电影让向往未来的小丫头心花怒放。

但这个理想化、文艺腔的世界里上演的喜怒哀乐，注定只有小孩子才会轻信。当孩子长大了，踏入现实的境地，有些信念便摇摇欲坠甚至瞬间坍塌，而什么情怀、什么格调，更是只能走向幻灭。

没有狂喜，没有奇迹，有的只是日升、日落、日复一日平淡的生活。

生计所迫，岁月磨折，现实狠狠嘲笑每一个充满文艺气息的梦。

在芸芸众生情绪的洪流里，分不清哪些是追求，哪些是强求；哪些是希望，哪些是欲望。男男女女甩开臂膀在一片混沌里游来游去，每天都有人上岸，也有人沉底。飞机场、地铁站，摩肩接踵的人群飞速蠕动，脚步仓皇仿佛生怕自己错过了什么，一张张愤怒的脸上有一双双紧抿的唇，他们无声地呐喊着：“管不了那么多，先活下去再说！”

这世界，令人恐惧。

不知有多少令人望之倍感忧伤的女性，在这恐怖的世界面前选择放下理想主义者的身段，去讨一份将就的生活。她们不再文艺，甚至憎恨文艺，恨这世界的欺瞒和哄骗，在她们不谙世事时抛来大大的幻梦，又在她们追梦的途中设置重重障碍，害得她们从意气风发的美少女沦落为刻薄世故的黄脸婆。

然后她们黑着一张脸，逢人便说：“这就是生活。”

遇见胸怀炽热梦想的少年，她们忙不迭泼上一桶冰水：“你还是太年轻，以后你就明白了，梦想是敌不过现实的。”

有些与她们年纪相仿却依旧坚持梦想的人被她们周身上下强大的负能量所影响，遗憾地躲开了，但她们不依不饶，一定要追过去，在人家背后指指戳戳：“那种人就是不肯接受现实，只能一辈子活在自己的世界。”

对于她们来说，文艺有错，生活有错，甚至人呼吸都是错，活着就是一种折磨。

文艺和生活为何要互相折磨？究竟是生活谋杀了文艺，还是文艺挟持了生活？

或许问题出在我们身上，是我们为难了文艺，也误会了生活。

文艺为我们雕饰出一个美好的世界，人为什么要去排斥美好的东西？为什么只因为命运偶尔残忍，我们便见不得自己开心？

“聪明的人，凡事都往好处想，以欢喜的心想欢喜的事，自然成就欢喜的人生。”

这句话，是我在星云大师的著作中读到的，而这本著作就是由星云大师的弟子亲手赠予我的。在读到这句话一小时之后，我便有幸见到了写下这句话的星云大师本人。

起因是我随老公去台湾参加朋友的画展，半路上，他们忽然说：“我们可以约到星云大师，要不要一起去拜见他？”

我对这位佛学大师的盛名早有耳闻，现在有了聆听他教诲的机会，我自然不会错过。

几位朋友驱车把我们从台北带到高雄，一入佛光山才知道，那一天是“大法日”，是他们为逝去亲人做超度的日子。

“太巧了。”我感叹着，也为自己家里过世的亲人们做了超度，为他们送去衣食，望他们在天国不必忍饥受冻。

下午的时候，我们见到了星云大师。我称赞佛光山的建筑构思精巧，一旁的弟子告诉我：在设计阶段，弟子们曾请来许多设计师做出多个版本的图纸，但无一得到星云大师首肯。众人一筹莫展之际，星云大师笑了笑，随手用几张餐巾纸和几个纸盒就摆出了设计图样。建筑师依样建造，便有了今日的佛光山景观。

我们欣赏着四壁展挂的字画，弟子又解释：“这些画作，都是大师在一片模糊中创作完成的。”

我们一愣，忙问缘由，原来大师已经久病缠身，他的眼睛几乎看不见什么东西，但他还是坚持创作，作画时就凭借记忆去摸索。

大师不能遵循双眼的指引来完成这些画作，他凭借的，大概是模糊视野所无法影响到的，一颗清明的心。

佛光山上，最令我叹为观止的，是大师亲自设计的百年隧道。

百年隧道，是一座别出心裁的时光博物馆。大师把当下世界里存在的各式物品放置在隧道里，百年之后，若后人有缘打开这扇门，就能触碰到我们今天的生活。

在佛光山聆听大师教诲。

我走入隧道，手机黑着屏幕安静地躺在那里，自行车保持待命的姿势斜倚着墙壁。这些与我同时代的物件，总有一天，我将与它们一并作古，与千千万万的人事一道定格为历史的记忆。

今天的新款商品，明天的出土文物，逝去了的都已逝去，过去的在过去活着。用空间定格时间，以渺小丈量浩瀚，这一条时间隧道，让空间大于时间。

大师以他超前的智慧，为我们带来超脱和感动。

令我颇感意外的是，佛光山的弟子们也使用手机，也在微信平台上交流佛法。但入世的姿态并未影响他们出世的心境，正所谓“大隐隐于市”，他们不曾脱离我们的现代生活，却依旧保有俗世中难得一见的清净身心。

他们活在自己的天地，却并没有与世隔绝。佛光山虽小，却容得下一个世界。

第二次拜访，老公带了两幅特地为星云大师创作的作品，本想亲手送给大师，然而他有事未能到场，接待我们的是妙开师父。

我们说：“可不可以叨扰一下？”

她说：“没有可不可以，佛光山就是你的家，随时欢迎你来。”

我说：“我有些事情要去办，老公会带我的母亲到山上来。”

她说：“没有关系，你放心，我来照顾。”

虽只有一面之缘，她就已把我们看作家人。这一份胸怀，想必需要极高的境界。

这是一份气量，是悦纳一切的包容，足以化解任何矛盾和烦扰。对自己包容，对世界宽容，自然就能容忍“没那么文艺”的生活，自然也就明白：文艺或许战胜不了生活，但它们可以握手言和。

杨丽萍说："我们在这个社会上，一定要吃饱了才能做艺术。我不拒绝商业，艺术没那么脆弱！给我再多的钱，我也不会迷失自己的方向。"

真正的艺术，一定能够找到一个最合适的姿态，与生活相融。

2014 年 7 月，毛头放了暑假，受鲁豫之邀，我们一家三口去往法国南部蔚蓝海岸区，在艾兹小镇参加真人秀。

我们住进一个六口之家，男主人是设计师，女主人原来是律师，但孩子出生后就辞掉工作，做了全职太太。

这位全职太太做得一手非常好的法国菜，还出了烹饪书。与我们传统观念里"囿于昼夜、厨房与爱"的家庭主妇截然不同，她仍以一个美食作家的身份，保持着与外界的良好接触。

她身体力行，向我们证明：做饭也是一门艺术。食材的配搭、食品的造型，都可以融入艺术化的设计。我帮她摆盘，发现餐具上都是带有家徽的。这个细节便透露出一个小秘密：他们家是当地的贵族。

别墅的装修并不奢华，却非常有品位。别墅之外环绕着一片小森林，阳光经过斑驳绿荫的过滤，在洁白的窗框上投下迷离的树影。

男主人向我们展示一件青花瓷器："我们家族也有上百年的历史了。我爷爷的爷爷，曾经跟随詹天佑在中国建过铁路，是为中国做出过贡献的。"

房间里的地毯上破了一个洞，他说："这个也是一种历史。"

吃完饭，男主人弹起钢琴，孩子们又唱又跳。在这种家庭氛围里成长起来的孩子，想必永远都不会觉得"艺术 + 生活"是一个无解的命题。

在男主人的推荐下，我们在一间教堂里观赏了一场别开生面的音乐会。

"今天下午，我们镇上的教堂里有一场音乐会，你们一定要来。"

当时我们想，音乐会嘛，不就是乐队演奏曲目之类的，能有多特别？

一家三口第一次到法国
艾兹小镇参加真人秀。

但是演出开始以后，只有四个乐手上台，主角不是演奏者，而是讲述者，这位讲述者还是一位孕妇。

她讲了一个故事，乐队的存在是为了配合她所讲述的情节来营造气氛。当故事里出现凶猛的动物，音乐会比较低沉；小动物们进到森林玩耍时，就搭配比较欢快的旋律。

表演全程大概有四五十分钟，孩子们坐在地上，大人坐在小板凳上。到场的每个人都仪表整洁，穿牛仔裤的很少，大家基本都身穿裙装或小礼服，以显庄重。

讲述者的声音不大，现场非常安静，孩子们都很乖，就连男主人家最调皮的小儿子都聚精会神沉浸在情节之中。

我在国内也做过童话剧演出，可能演到一半，一些家长觉得没意思，起身就走了。但这场表演讲述的也是童话故事，却没有一个人中途离席。演出结束的时候，所有观众起立，对表演者致以热烈的掌声。掌声里有对艺术的重视，更有对于艺术工作者的尊敬。

这才是艺术应该拥有的地位，因为艺术之于生活，本就是画龙点睛之笔。

我认识一位台湾的女画家，她的创意工作室坐落在一个公园里面，她把它叫作“天使会馆”。她喜欢花，工作室里没有光秃秃的角落，空闲的位置都合理安放了她精美的插花作品。

我和她共进午餐，她盛放食物的每一个器皿都是艺术品，沙拉和小菜摆进碟子里，借助一个精致的架子，一个个小碟子像塔一样搭起来，每一道菜背后都有一个故事。

茶艺区的桌布是她亲自摹画、亲手扎染的，无论图样还是色彩在市面上都绝对见不到，都打上了她自己的烙印，是独一无二的。

抬起头，天花板上也有她的涂鸦。艺术的气息无处不在，这是货真价实的文艺生活。

艺术实在是一剂凝铸美丽的强心剂，现代女性尤其需要高阶文艺生活，需要艺术来保养身心。

每一位看过《刺客聂隐娘》的观众想必都难免要为嘉诚公主和嘉信公主这一对姐妹的命运慨叹不已。

这对姐妹有着同一个扮演者：国际知名舞蹈家许芳宜。她是美国现代舞之母玛莎·葛兰姆的传人，被李安大赞为“台湾的门面”。

她说：“每个人都应该做自己喜欢的事，用目中无人的喜欢和旁若无人的努力，找到自己面对这个世界最适合、最优雅的姿态。当遇到足以让自己放弃的困难，或者极度的孤独之时，这个姿态将会支持自己，让自己依然能够坚持梦想。”

不知多少人胸膛中那颗本不安分却又不敢折腾的心，之所以会在文艺与生活之间摇摆不定，便正是由于欠缺这一份“旁若无人的努力”和“目中无人的喜欢”。

文艺与生活原本无心相互折磨，只是我们想得太多、想要的太多，因此顾虑的多、失去的更多。文艺若是真爱，何必忍痛分开？请不要让平淡的生活成为平庸的借口，让还没来得及开始就匆匆宣告结束的梦想成为夜阑人静时胸口的隐痛。

文艺没有那么渺小，真正的“文艺梦”不会在烟火人间里轻易幻灭；文艺也没有那么伟大，它不是治愈一切痛苦的良药，但它足以支撑我们苦中作乐，让我们愿意相信：俗世，也可以美好。

D A N C E

谭校长说

给学艺术的孩子一个展示的平台

对于学习艺术的孩子而言，一个自我展示的平台非常重要。舞台上的每一束灯光都是打在小演员心上的强心剂，甚至可以说：登一次台，可能比听十节课作用更大。

自成为专业舞者那一刻起，我就与舞台结下了深厚的缘分，因而深知舞台对于艺术表演者的重要性。在创办八八空间之后，我尤其注重给学员们提供展演的平台。

舞台表演就像马良的神笔，可以把书本上的东西立体化。这是一种综合的艺术形态，当舞蹈、音乐、服装、道具、音响等各个要素相加时，最终呈现出的作品会对孩子产生巨大的影响。大获成功的八八空间舞台童话剧《丑小鸭》就曾令无数学员因此爱上表演，爱上舞台。

八八空间不仅能带领学员登上像《丑小鸭》巡演时被千人瞩目的舞台，小剧场的大门也随时向每一位心怀梦想的孩子敞开。八八空间小剧场可容纳百名以上的观众，舞台设计精美，兼具良好的互动性和集体感，能带给学员们非同一般的剧场体验。

在刚刚过去的暑期里，我就带领学员们完成了暑假艺术团作品展，分小班、中班、大班排演童话剧和成语故事。期间我特别表演了“谭老师讲故事”，以童话《小红帽》为蓝本，我现场讲述，乐队为我伴奏，让学员充分感受音乐与表演水乳交融的关系。

相比于大剧场，小剧场更具亲密感和灵活性。它可以帮助表演者活灵活现地把文本演绎出来，不仅可以为演员创造一份难忘的童年记忆，也会给观众留下深刻的印象。

我相信，艺术，尤其是面向儿童的艺术，其主旨是传播美、弘扬正义。虽然无论经典如安徒生童话，还是新编的儿童故事，都一定会出现反面人物，但故事最终一定是正义战胜邪恶，这是我们作为艺术教育工作者必须为孩子点明的导向。而多年的教学经验告诉我，舞台表演往往能够最直接有力地给孩子以人生启示。

例如寓言童话《小熊拔牙》，讲述小熊贪吃甜食，吃掉很多糖和蜂蜜，而且不肯乖乖刷牙，结果牙痛，拔牙非常痛苦。我将这个故事改编成童话剧，不久就有许多家长向我道谢："从前督促孩子好好刷牙，他总是嫌我唠叨，但是自从看完这个剧，不用说教，直接问一句'你想变成小熊吗？'他二话不说就认真刷牙去了。"

当然，"平台"不仅指灯光映射、人群注目的舞台，也可以只为单人独自开放：在声音的世界中，每个人都是最独特的存在。八八空间拥有现代化数字录音棚，以强大的硬件设施、专业的录制环境，支持个人录歌、原创编曲、影视音乐制作、语音配音等多种项目。为留驻纯真瞬间，记录快乐童年，录音棚还推出特别项目，为进入变声期前的小朋友记录最纯真的童声。

八八空间注重为学员提供到国外参赛、参加访问演出、开展夏令营的机会。我们曾组织学员赴新加坡宏文学校进行访问演出，排演了《妞妞看戏》《冰糖葫芦歌》等具有北京特色的节目，对方则准备了古筝演奏等带有中国文化色彩的节目。演出结束后，学员们都精神振奋，因为感觉到祖国的艺术是可以走向世界的。

平台的作用不只是展示和表演，更是分享和交流。八八空间为学员提供跨越国界的平台，旨在“走出去，引进来”，帮助孩子们开阔眼界，也增加他们的民族文化自豪感。

第七章 | 我与他的双人舞：平衡只是动态

他提笔画出爱的模样，我起舞应和爱的乐章。

“朱办”主任

出国一趟，给老公带回一个枕头，拆了包装端端正正摆到床上，嘱咐他不要小看我的一番心意：“这个枕头能缓解颈椎疲劳，而且安眠作用特别好。”

三天后，这个凝铸了我一片苦心的海外来客便被胡乱丢在客厅的沙发上，而他不知费了多大的周章，翻箱倒柜找出了以前的那只，又宝贝似的“供”到了床头。

“你说过旧枕头太软了，睡觉不舒服的……”我迂回地进行抗议。

“我就那么一说。这个我枕习惯了，你一换，我睡不着。”

“偶尔也尝试一下新鲜事物嘛。”我惦记着枕头的功效。

他蹙眉思索了好一会儿，像是做着激烈的思想斗争。最终，他仿佛下定了极大的决心，把牙一咬：“你要是实在想换，把枕巾换了，枕芯给我留着。”

我换枕巾有何用？枕巾又不能帮他舒展颈椎、放松肌肉。他这一“让步”，倒显得是我任性了。

他的念旧，我是知道的。

一个水杯，从桌上收进柜子，从柜子装进盒子，从大盒子挪进小盒子，可能这辈子都不会再用，但就是舍不得扔。

那怎么会只是一只杯子？杯子里装着的是它陪伴我们走过的日子。就像家里的一张床，我见床脚破损，执意要换新的，他义正辞严："床可以换，床垫不能换。"

与他相比，我简直成了世上最开明、最愿意接受新鲜事物的人。可能是太热爱生活了，总想把家里的一切都布置得漂漂亮亮、妥妥帖帖。家具、配饰，每隔一段时间，遇到更心仪的，便忍不住要买回来，把旧的换掉。

他却每每措手不及："上次新买的还没看眼熟，怎么又要换？多浪费啊。"

"怎么能叫浪费？这叫一边创造价值，一边享受生活，对生命的品质负责。"我也有我的道理。

他总想，一件物品贯穿一个时代，如果什么都换成最新的，旧时光去哪里找呢？

每次"大换血"期间，他都少不了要提心吊胆一番，生怕我一时兴起，随手把某件东西扔进垃圾桶，他便再也找不到一个时代的纪念。

他一向恋旧，最近几年又多出一个属性：恋家。如今也就只有我，能将这位除了工作几乎足不出户的"宅男"从家里面请出来，让他去高空翱翔一番。

2014年，《鲁豫的礼物》向我们发出邀请时，他一听到"真人秀"三个字就条件反射般连连摇头："不去。"

我却认为值得一去："我们每次出去度假都是为了放松，缓解疲劳，没有时间和精力去好好拍照或者摄像。现在有专业的团队帮忙纪念一下家庭的旅游生活，不是挺好的吗？"

他还是排斥："很麻烦的。"

“就像平常旅游一样，有什么麻烦的呀？对毛头而言也是难得的纪念。”

想到能给儿子留一份美好回忆，他才真正动心了。

在亲历法国家庭的文艺生活、欣赏别开生面的音乐会之外，节目中的一些体验项目的确令我们在战栗中收获了意想不到的感触。

如果可以自由选择，面对滑翔机，我们一定会不约而同后退一步，礼貌地摆摆手：“对不起，咱们玩不了这个。”

可是，面对节目安排，全组人都等着我们配合拍摄，箭在弦上，无论如何也要硬着头皮飞一次。

虽然也知道安全性是有保障的，心里面还是忍不“咚咚咚”打起了鼓。看到在一旁微笑的教练，紧张的神经稍稍安定了些，但他一开口，优美的法语一串串冒出来，我却一句也听不懂，刚刚冒出头的安全感又快快地缩了回去。

扭过头看看老公，他虽然比我淡定，可或多或少还是有些紧张。他玩过模拟机，但并没有开过真正的飞行器。车子牵引起飞，然后就把人连着机器往天上一扔……我真的需要时间好好做做心理准备。

心理准备还没做好，人就已经站到了滑翔机上。

带着视死如归的决心，我借助滑翔机提供的一对翅膀，飞上了蓝天。

好美啊。习惯了陆上生活的身心此刻像鸟儿一样舒展，眼前的景观再不是钢筋水泥的丛林，而是一片开阔的无人之境，空气干净清新，连耳边的风都仿佛是蓝色的。

我在高处，俯瞰长空之下的世界。人、物，在自然面前都显得好渺小。我心里的某一个角落被触动了。这些年，老公也好，我也好，在我们辛勤耕耘的领域取得了一些傲人的成就。但当赞誉和礼遇越来越多，人容易“飘”

起来时，或许就是时候认真俯视一下自己，在俯瞰中寻回一颗平常心。

以这样的视角，大家都是一样的渺小。有资格高高在上的，或许就只有这片蓝天。

远处飘起一个黑点，我一眼就确定，是他。我们一先一后开启了这段滑翔之旅，此时遥遥相望，举起手臂，向对方用力挥动。

这大概是爱人之间，最离奇的一个视角：背景是天空，姿态是滑翔，互相只能招一招手，听不见彼此的声音，却能感应到对方的心跳。

刚才我在空中的想法，也是他心之所想。

这次飞行，我们本都有些排斥，但在做了一定不会做的事、冒了绝对不会冒的险之后，我们也体验到了从未设想过的体验。

双脚踩上坚实的土地之后，我们交换了一个眼神，我就知道，可能刚才我在空中的想法，也是他心之所想。

在一起的时间久了，这样的时刻便越来越多，不需言语，仅凭一个眼神，就够了。你看看我，我看看你，就像是花费数十年心力熟读的一本书，随口便能吟出其中某一个章节、某一则典故。

他曾经说："我在你面前永远也撒不了谎。"

这是他吸取无数惨烈教训后总结得出的结论。每次他说了谎话，不出三天，我一定想明白，再委婉地问他，他便不得不把真相和盘托出，譬如"你收起来的那条烟是我抽了"或"那次去喝酒，喝了三瓶，不是一瓶"云云。

有时候朋友聚会，聊到某某话题，我就有预感，可能他接下来会讲一个怎样的段子，结果他一张口，说的果真就是我设想的那个。

未卜先知、读心术，可能都是时光赠予每对夫妻的一份加了封印的超能力，只有共同走完一段细水长流的岁月，才能解锁，才能使用。

行程最后，节目组表示，他们准备在法国这个浪漫的国度为我们"补"办一个婚礼。

老公觉得不妥："婚礼是没有办法补办的，也没必要去补办。"

我同意。1993 年 3 月 28 号，在兰州西北宾馆举行的那场婚礼，是我们至今都引以为豪的一场人生盛典。那是两个 20 多岁的年轻人凭借自己奋斗的积蓄为爱情许下的誓言，没有任何的遗憾，因而也无须补办。

但躬逢其盛，我还是愿意在灯城花都巴黎市，再披一次婚纱。

我对老公说："就把这当作是结婚 21 年的纪念礼，结婚纪念典礼，简称‘婚礼’。”

他一身西装革履，为我披上白纱。遥忆当年领好结婚证，从民政局走出来时，他也是这样注视着我。执子之手，从前以爱人的身份，现在更是以亲人的身份，我们的笑容、眼里的幸福，恍然如昨。

当年一对新人的身边，如今多了叫他“爸爸”，叫我“妈妈”的毛头。

他说：“儿子是我最大的‘作品’。”

看到毛头露出灿烂的笑容，作为妻子，作为母亲，这便是我最满足的时刻。

这次甜蜜的经历，后来还引发了一段小插曲。

回国后不久，就有朋友给我发来消息：“你知道吗？他们都在网上说，朱军又结婚了，在法国娶了个年轻的太太。”

她把报道发过来，我一看，照片上那个新娘不就是我吗？

这件事情，他听说得比我早。这些负面的东西一传出来，他就有点不开心：“你看看，你看看，我早说了不去，一去就有麻烦。”

“人家夸你太太年轻，你还不高兴。”

他是公众人物，总少不了在舆论的浪涛中被折腾几趟。网络时代，有时一些不负责任的言论冒出来，他便难免不开心了。我自己平时不会上网去看关于我们夫妻的评论，他若是看到了负面的信息，心里面不舒服，就只好由我来帮忙排遣。

朋友戏称我为“‘朱’办主任”——朱军办事处主任，意为他的事情，都由我来经营。我喜欢这个称谓，正如我喜欢别人称呼我“朱军夫人”胜过“谭校长”“谭董”之类。我最认同的一个的身份，是与最亲密的爱人紧密联结的。这是我的归宿，事关爱情，事关亲情，事关我们必将进行到底的一份“革命友谊”。

我是朱军的最佳拍档，他只管去忙他的事业，生活上的细枝末节都由我来打理。

譬如每年春晚，他的服装要提前几个月开始准备。从最初的创意，到最终敲定、他满意地穿到身上，其间少说也要经历六七轮调整，需要反复联系形象顾问和设计师，而这些琐碎的工作只能由我来负责。

创意阶段，我会跟设计师先讨论今年的一些时尚元素，把各种推荐的面料摆到台面上，我们逐一筛选，开始设计。这个阶段里的我就像是绞尽脑汁设计作品的学生，希望拿到老师面前，可以获得一个不错的分数。

可惜他这位“老师”显然严苛得很，前三次交的“作业”十有八九要被否决，若是遇上他心情不好，往往还要批评几句：“去年就和你说过了，不要这样的。你自己看看，这适合我吗？”

“行行行，不要这样的，我以后注意。”

拿着修改意见，我又开着车赶到东四环，去找服装师。把衣服整体的面料、领子、袖口的面料都剪成小样给他看：“按你说的改过了，这一版喜欢吗？”

若是喜欢，自然皆大欢喜。若是不喜欢，少不了又要冷言冷语一番。

早些年我还会分辩几句：我也很忙，推掉那么多事情精心给你准备，你倒好，就知道否决，一点建设性意见都不提，谁能猜到你心里到底怎么想的?

有时候真的气了，心里面就有个声音开始叫嚣：我不管了，我不管了！但是冷静一想，还是以大局为重吧。我不管，谁管啊？我是最了解他的嘛。

近些年慢慢平静了，从前更在意自己的委屈，现在会多去考虑他的苦衷。

若不满意，就由着他说几句。春晚是大事，他一向重视，而服装决定了观众的第一印象，是无声的开场白，作用不可小觑。关心则乱，他难免有一些烦躁和焦虑，那么，把情绪发泄出来也好。

他烦躁着，我就不提这件事。看看过两天，他心情好一点了，再说：“时间挺紧的，你也看看哪个最接近你的标准，我再拿去改进。”

他往往还是信赖我的选择：“你先看吧，大气一点就行，都交给你了。”

好不容易把样衣制作出来，试服装又是一件麻烦事。做衣服不是纸上谈兵，需要他亲自到场，真正穿上，大家一起看效果、即时沟通意见。但临近春晚那一两个月，他一整天忙下来，回到家基本上都不想说话，只管进到地下室，坐在按摩椅上休整。

这时，我就做他的“人肉闹钟”，看看日程，确定明早要几点起床，再算算睡眠时间，尽量给他充足的时间让他在自己的空间里安静调整，到了不能再晚的时候就提醒一句：“该休息了。”他才去睡觉。

第二天一早，他又出发了，又要面对一整天紧张的工作。我总想提醒他去试衣服，但有时候话到嘴边，看见他疲惫的神情，又不忍心催促了。

“你什么时候有时间，去试试礼服”这句话不知要问上多少遍，才能换得他不情愿地过去一趟。但去了之后，和服装师一聊，他的兴致又提起来了。每次都是阴沉着一张脸去，讨论完却容光焕发地回来。

我也已经习惯了他的脾气。书里说：男人和女人来自不同的星球，要善于彼此“翻译”。离家在外，他总有诸多顾忌，但在我面前，他不必过多考虑，想说就说，说完就完了，不开心的细节，我们都会聪明地把它们忘记。

金庸先生对爱妻曹捷说：“夫妻之间是生活沟通，而不是思想研讨。

想避免冲突就少说为妙。夫妻之间不一定要兴趣相投，而是双方留点儿空白，彼此都有自己的空间。”

这些年来，我们在事业上紧密合作，对于彼此的生活深度参与。在我们共同的画卷上，有浓墨重彩，也有几笔留白。一些默契的小细节汇聚成涓涓暖流，他的恋旧，我的文艺，互相影响而又互不干涉。朝夕相对的两张面孔，相看不厌。现在，大概就是最自在的姿态，我们活得越来越像对方，也越来越像我们自己。

朝夕相对的两张面孔，相看不厌。

没有平衡，只有忠诚

今年早春时节，轻轻跳动的尘霾里飘着绵绵的柳絮。某一个难得闲暇的午后，我看看窗外灰蒙蒙的天空，低下头刷新微信朋友圈，就看到了任鲁豫转发的“为你读诗”，顿时眼前一亮。

音乐响起，伴着读诗人深情的语调，一行行美妙的诗句带着意境破空而来，为灰暗的天空注入了一缕穿破雾霭的和煦阳光。听着诗，似乎整个世界都慢了下来。

霾，也称灰霾，是空气中的灰尘、硫酸、硝酸等颗粒物组成的气溶胶系统。这些化学颗粒，正像是这个飞跑着的时代在身后扬起的尘土。如果这世界跑慢一点，跑得不那么不管不顾，或许朗朗晴空与芸芸众生之间，便不必再相隔一重厚重的金属。

我立刻给任鲁豫发了信息，表示如果有机会的话，朱军和我也想去这个平台上读诗。

他立刻表示欢迎：“我可以给你介绍，他们早就特别期待朱军老师能来。”

隔了一会儿，又发来一条：“但是这个项目不是商业活动，就是说，不会给任何费用的。”

我立刻回复：“没问题，我们很乐意。”

就这样，在他的连线之下，我联系到了“为你读诗”自媒体平台，他们为我们提供了许多诗歌，最终我们共同选择了顾城的《我们去寻找一盏灯》：

走了那么远，我们去寻找一盏灯。

你说，它在窗帘后面，被纯白的墙壁围绕，从黄昏迁来的野花，将变成另一种颜色。

走了那么远，我们去寻找一盏灯。

你说，它在一个小站上，注视着周围的荒草，让列车静静驰过，带走温和的记忆。

走了那么远，我们去寻找一盏灯。

你说，它就在大海旁边，像金橘那么美丽，所有喜欢它的孩子，都将在早晨长大。

走了那么远，我们去寻找一盏灯。

这首诗，让我们深有感触。从开始到现在，不经意间就已经走了很远。而前方漫漫旅途，仍将是我们肩并肩走在一起的时间。一路上，我们一直在寻找，寻找生命最合理的姿态，寻找一个又一个崭新的目标，寻找能点亮心房的一盏灯。

我们两人在各自的领域当中，都在寻找自己感兴趣的事物，或许有一天，我们找到一个共同的兴趣点，两条延伸开来的道路又在远处相逢，便会合力开辟一个新空间，经营一份新事业。

录制这期节目，需要进到录音棚，这原本要跑到很远的地方，到一个陌生的环境，去联系专业人士，或者麻烦到朋友。但因为八八空间已经开设了录音室，我可以为我们提供这样一个便利的资源，他便很自然地到学校来，我们就像是在自己家里录制，一切轻车熟路。

常有人问我：如何平衡老公的名声和自己的事业？如何平衡自己的事业和自己的家庭？似乎每一位碰巧既有事业又有家庭的中国女性都难免被问及这个问题，我自然也不能免俗。

可在做出回答之前，我也有问题要问：如何平衡音乐与舞蹈、高山与流水、白昼与黑夜？如果平衡才是最理想的状态，那人们当初发明跷跷板做什么呢？

平衡讲求的是双方面的相互补给，只有在不断的成长和变化中，才能维持最具有张力的平衡感。我一直在努力提升八八空间的品质，以期符合他的艺术要求，我们的心理上就都可以达到一种平衡。

再说事业和家庭。

必须坦率地承认，我个人认为，作为朱军老师的妻子、朱思潭同学的母亲，我其实有一点小失败，因为我不会做饭。但这个家庭生活上的缺憾，实在嫁祸不到我的事业身上。

我在厨艺方面没有亮点，或许是因为我亲爱的妈妈厨艺太精，大姐又太宠我了。记忆中，小时候在家里，妈妈进到厨房，大姐过去帮忙，只听得刀具在案板上轻快敲击，水流哗啦声、锅铲翻炒声、碗沿碰撞声此起彼伏，不一会儿工夫，便是炊烟缭绕，香气袭人，两人轻松变出一桌营养均衡、色香味俱全的佳肴。而我和二姐往往只负责拿两块小抹布把桌子擦得干净到反光，吞一吞口水，等菜上齐了埋头苦吃。吃完了，心满意足擦一擦嘴，乐颠颠地扫地、洗碗，锻炼的尽是和煮菜做饭毫不相干的本事。

后来到了部队，餐餐吃食堂，便更加没有学做饭的机会。再后来，遇见朱军，他的厨艺也着实令我惊艳了一下，而这份惊艳延续了整个青春年华，直到婚后他去北京打拼，我的厨艺一直心安理得地停滞在煮泡面和炒鸡蛋的阶段。

等做了演员，出去拍戏，跟着剧组吃订餐；怀孕以后，母亲过来和我们一起生活，儿时的大厨落户到家中，我就此彻底打消了磨砺厨艺的上进心。

时间久了，惭愧还是会偶尔冒出头来。毕竟，作为家中的女主人，我从来没有为全家人做过一顿特别丰盛的大餐。

现在的某些时候，我也会想，等公司不那么忙，妈妈的年龄也大了，我确实还是应该在这方面用心学习一下。不奢求修炼到非常“下得厨房”，至少也打造出一两道谭梅女士的精品菜式。这倒无关所谓每个成功女性都有的一种难以言说的负疚，我只是希望多给自己一个机会、一种方式，去向家人表达爱意和感激。

或许这也是女儿对母亲的模仿，因为多年以来，妈妈一直在用这种方式疼爱着她的女婿。

老人家深知朱军的胃口，平时总要精心准备他喜欢的菜式。但若是他出差不在家，饭桌上可能就只剩下一两道菜，冷冷清清。

每年春晚前一个月，为了上镜时瘦一些更显精神，朱军每顿几乎不碰主食，妈妈便潜心研究低热量的滋补汤，家里炉灶上的小汤罐总是咕噜噜冒着热气。

朱军很孝顺，虽然不会把一些话挂在嘴边，但一直把老人家放在心上。从结婚开始，每年过春节，我给娘家贴补多少钱，他从来不问一句，还经常说“多给点，多给点”。每一年，我俩或许不会专程为自己庆生，但一定要给老人过生日。

2011年，妈妈喜逢七十大寿，朱军提前小半年就开始筹备。他觉得老人家上了年纪，会喜欢热闹，就请来了许多朋友，在北京举办了隆重的庆礼。

然而北京这边的宾客毕竟多是我们夫妻的朋友，妈妈的朋友绝大多数还在故乡。于是妈妈面露难色，向我们说出了她的心愿：想回西安再办一次七十大寿。

朱军不假思索："没问题。"

当时不巧，我的脚崴了，只能由他代表我飞回西安，找酒店，订酒宴，请了妈妈学校的老师和当地的一些老同志，全心全意操办了第二场寿宴。

我开玩笑说："你回去比我管用。"

他平日里可能不会过多地表达一些感情，但真到了关键时刻，他一定排开时间，走出去，站到外面，成全老人这一份风光和体面。

这一切，我都看在眼里，因此也加倍为他的家人着想。某一年，春节刚过，他的大姐来北京看病。由于不久前，罹患肺癌的大姐夫刚刚去世，我便拿出自己的钱，以我们夫妻两人的名义送到她手里。

我一直相信，两个人的结合从来都不是两个人的事情，而是紧密地牵动着两个家庭。如果婚姻里的丈夫和妻子都把对方的亲人当作自己的亲人去关心、去爱，那么对方一定能感觉到。这样，不仅双方感情更加融洽，两个家庭也会越来越亲密，从而形成良性循环。

比起"平衡事业与家庭"的无理命题，与丈夫身后的大家庭的关系或许更值得女性花心思去协调和经营。

因为爱他，所以爱他所爱，爱他的家人。

那首家喻户晓的《致橡树》里铿锵地写着："我如果爱你，绝不像攀援的凌霄花，借你的高枝炫耀自己”，可我情愿做一枝藤蔓，缠绕着他这棵橡树，我们以最亲密的姿态成长为一体。

我就是这样，不一定做近旁的一株木棉，作为树的形象和他站在一起，“根，紧握在地下；叶，相触在云里”，但即便只是藤蔓，也一样可以和他“共享雾霭、流岚、虹霓；分担寒潮、风雷、霹雳”。

莫言说：“我敬佩两种人：年轻时陪男人过苦日子的女人，富裕时陪女人过好日子的男人。”

这句话令我感触颇深。那一段苦日子，我们坚强地挺了过来；这一段好日子，我们坚定地走了下去。他以踏实，我以柔韧，用陪伴说出了最长情的告白，用相守加冕了无悔的忠诚。

2015 年 4 月 26 日，妈妈和朱军在同一天过生日。

文艺入魂魄，杜蘅为良方

“50 岁的时候，我一定要去中国美术馆开画展。”

当时我觉得这只是一个玩笑。

可他偏偏把这个玩笑，变成了惊叹号。而对他所创造的奇迹深感折服的我，现在人前人后，也会恭敬地叫他一声“朱老师”。

朱老师说：“大家都知道我拿话筒三十多年了，但大家不知道的是，我拿画笔已经四十多年了。”

他自幼喜欢画画，当时还有个稚嫩的梦想，便是当个画家。当然，他最终选择了一条稳妥的道路：参军、工作，而一支画笔，一搁置，便是二三十年。

2006 年，他把一张画案搬进书房，又铺开画纸，续写儿时的梦想。不久之后，一个偶然的契机，他得以结识绘画大师范曾先生，于是暗自努力，把从前用于应酬的时间拿来作画，终于鼓起勇气，选出一幅现在看来不甚成熟的画作，献到范先生面前求教。

拜访结束，他回到家里，我观察着他的神色：“怎么样？”

他从书架上抽出一本《离骚》：“这是先生给我布置的作业。”

先生布置的作业，除了背诵国学佳篇，还包括临摹一些传统名作。我印象最深的便是那幅道教经典《八十七神仙卷》。

这幅白描人物手卷，乍一望去，衣袂褶皱、鬓发飘带、旌旗流苏，映入眼帘的是成千上万条令人眼花缭乱的墨线。我替他捏了一把汗："临摹这个，可能吗？"

他拈起画笔："没问题。"

他的眼睛已经有点花了，鼻梁上架着两扇厚厚的镜片，有时鼻尖沁出了汗珠，眼镜就滑下来，他推上去，再滑下来，再推上去，一笔接着一笔，一个线条紧挨着一个线条，不厌其烦埋头画了四十天。

我亲眼见证这幅画作是如何从无到有，循序渐进的四十天，每一天向前推进一点。其间他还是要正常工作的，我惊诧于他的能量：他那么忙，怎么会还有精力、还有耐心，去琢磨那一根根细如发丝的线？大功告成那一天，我凝视着成品，忽然觉得虽已与他相识相知二十载，但他身上，还是暗藏那么多的惊喜，等待我去慢慢探索和发现。

交上作业的时候，他再度向范先生请求："我能拜您为师吗？"

先生看完这幅临摹作品，终于点了头，而他也成为了先生的关门弟子。

后来先生说起收徒的原因："接触你这么长时间了，我觉得你是个聪明人，几次布置作业，又让我看到你是一个愿意下笨功夫的人。聪明人愿意下笨功夫，大概没有理由不成功。"

那一年，是 2008 年。

2008 年 5 月 18 日，他主持了汶川地震央视赈灾义演募捐晚会。当晚回到家里，他翻来覆去睡不着，凌晨三点起床，进到书房画了一片废墟，废墟中有一朵花，鲜花泣血。

他上班后，我进到书房，看见那幅画，虽然未必在艺术上如何出彩，但我觉得，可能昨晚他在晚会上一直压抑着没有表达出来的一些悲痛，通过这一幅画得到了释放。作画对于他而言，也是排解情绪的一个渠道。

他说："画画是一项艰苦的工作，其中的寂寞只有自己知道。但画着画着，我开始有了一种忘我的体验。"

我是舞者，早已习惯在舞蹈中按摩身心，因此对这种情绪疏解深有体会。在某些孤独的时刻、低落的时刻，艺术的确可以成为人类最好的伙伴。作一幅画，跳一场舞，弹一支曲，哼一首歌，都是自己对自己的安抚；但与此同时，艺术会放大人类的情感体验，若是沉溺在某一种情绪中不可自拔，就难免要徒增痛苦。

或许艺术，正如杜蘅，并不艳丽，幽香袅袅，本是一味生长于江浙水乡的药草，被李时珍称赞"乃神农上品，而世不知用，惜哉"；但它虽可入药，却需慎重，若是过量，就会使人中毒。

朱老师把自己的画展命名为"杜蘅情怀"，便是要以此警醒自己：做任何事情都不可过于沉迷。

他说："到今天，听到夸奖，我反倒会有一种虚无感。所以我试着在另外一个空间里寻找自己，放下身段，关上电视，在一个全新的领域再度起步，仿佛重新活了一回。"

以初学者身份重新起步的他，怀着"在 50 岁那年去中国美术馆开画展"的宏愿，哪怕前一晚半夜十二点才录完节目，次日早上七点钟也一定准时跑到范先生家里面去观摩师傅作画，递笔、磨墨、洗砚台，做到身为徒弟应该做的一切。

回家以后，他就凭借回忆，把从先生那里看到的手法放到自己身上尝试，可能一次不成功，两次不成功，但他依旧一遍一遍地去试，去推敲，就这样守着一张画案奋笔六年，为梦想中的画展创作了一系列作品。

范先生给了他肯定和鼓励："朱军最开始画画啊，画个小鸟，我看像个蝉，就那么个水平，到现在短短六年，他能画成现在的水平，我太高兴了。"

他偶尔把一些画作发到微信上面，总能激起一片赞叹，也早有朋友提议让他办画展，但他一直觉得时机还不成熟。直到 2014 年年初，他 50 岁生日前夕，我觉得身为妻子，是时候为他的梦想略尽绵薄之力了，于是主动联系中国美术馆，表达了想去办画展的意愿。

意料之中，他们很是犹豫。因为朱军最为人熟知的身份还是主持人，而"隔行如隔山"，他们觉得这大概无非是名人玩票，怕把他的画展览出去，美术馆会因此招来非议。

我诚恳地对他们述说了朱军学画的诚意，他是真心想要画画，而不是随便"秀秀"。

他们勉为其难："那你拿些作品来吧。"

我把作品递上去的时候，他们大吃一惊。再和我接洽时，言语间明显多了几分敬意："不瞒你说，我们馆有一个负责审核作品的委员会，作品需要通过大家的选举，必须全票通过，才能做这个展览。而朱老师的作品，得到了全票通过。"

申请很快批了下来。他的生日在五月份，为了能及时献上这份生日礼物，我只剩下不到两个月的时间去准备。而对于筹办画展这项工作，我毫无经验。

手忙脚乱之际，是馆长范迪安先生的指点和帮助为我们吃下了一颗"定心丸"。范老师召集专业人士为画展开策划会，又找来一位设计师配合我们，我们从头学起，这才知道一场画展背后有着何其庞杂的工程：每幅画要设编号、量尺寸、制表格、做设计、印画册，布展的时候还要在画作下面配以花草器皿，烘托气氛。

为保证画册的质量，我每天跑到印刷厂去，盯着屏幕上的色块，和工作人员沟通，试印了不下十几稿，才终于协调出了我们满意的纸张和颜色。

发出邀请时，专业人士要请，画界要请，政界要请，当然最重要的艺术界也要请。面对长长的亟待填满的宾客名单，我灵机一动，找来《艺术人生》采访过的嘉宾名单，把电话一个接着一个打过去，看看哪位能来，哪位不能来。名单敲定后又抓紧时间制作邀请函，每一天最早都要忙到十二点才收工。

布展、买器皿的时候，还发生过一个小巧合。

那是一幅叫作《康巴一家人》的作品，布展时画作尚未完成，我们兵分两路，他继续作画，我去买陪衬的器皿。我选了一只水壶回来，而他也刚好把画上的水壶画好。

我看看他桌上的画，他看看我手中的壶，我们都愣了半晌，然后笑了起来，连呼“好巧”——他画的壶和我买的那只简直一模一样。

那幅画挂好，壶摆到下面的时候，助手问我：“朱老师就是按照这只壶画的吧？”

我说“不是”，心里面更觉得神奇，大概这就是所谓的心有灵犀一点通。

画展有一个分区，展出了他为央视女主持人画的肖像。有朋友悄悄对我说：“我怎么觉得朱老师画的周涛、杨澜、董卿，仔细一看都有你的影子？”

其实我的影子在《康巴一家人》里面的一位少女身上体现得最为明显。大概是少女时期的我给他留下的印象比较深刻，眼睛很大，还有点婴儿肥，这促成了他潜意识中少女的既定形象，因此他笔下的年轻女孩都有相似之处：大眼睛，脸庞比较饱满，反正绝对不会画一张瓜子脸出来。

朱军把 50 岁在中国美术馆开画展的愿望变成了惊叹号。

这场在五月，他 50 岁生日之际，于中国美术馆五号展厅举办的画展取得了巨大的成功，对他而言，是兑现了一个给自己的诺言；对我来说，则是得到了一份成长和锻炼。

回头想想，这些年来自己新增的许多能力，都是朱老师有意无意间练就的。譬如说外联、谈判，本都不是我喜欢的事情，但有时他无暇顾及，或是有所顾忌，就只能由我代表他去谈，去出面解决。而这些虽不情愿却大有必要的事务，渐渐锻炼了出了我敏捷的思维和灵活的应变能力。

书画领域，我本是个门外汉，但是通过为他操办画展，我学习到了很多美术方面的知识，也结识了不少艺界好友。

不同于从前酒桌上的推杯换盏、烟气缭绕，现在我们参加的聚会，多是与艺术领域志同道合的朋友一起，吃完饭，吟诗一首，或是搞一个笔会，即兴作画，大家享有共同的兴趣爱好，在交流和分享中寻求精神上的共振，相较以前的灯红酒绿，身心着实清静了不少。

范先生说："朱军自从跟我学画画以后，喝酒少了，'狐朋狗友'少了。"

他身上一些总也改不掉的习惯，师父帮他改掉了；这么多年我一直没能做到的，绘画做到了。学画以后，他所有的业余时间几乎都被画画占领，从前总在外面应酬，现在离不开画案，自然也就回归了家庭。

他真的一点点在改变。我们去国外度假，他会往自己和儿子的行李箱里各塞进一个素描本，遇见美景，随性一坐，提笔就画。我举起相机，拍下一老一少走笔描画的背影，回来拿给朋友看，她们都脱口而出："好温馨啊。"

前几年年初的时候，某一个清晨，天上降下瑞雪，他忽然神秘兮兮地向我要了一张照片，我问他做什么，他遮遮掩掩不肯说。

我不知道他要干什么，但也没有多想。结果不久之后，他送给我一幅仕女图，画中人虽然穿着古装衣裙，却长着我的面孔。

我惊喜之余又有疑惑，他便把我拉到日历前一指："你看，今天是什么日子？"

我一看，2月14号，情人节。

这位粗犷的西北汉子，竟然想到在情人节特地创作一份别出心裁的礼物，或许正是拜艺术的力量所赐，让他在激情淡去的年纪，反而寻回了一些浪漫。

他的改变令我欣喜，但更令我心安的是他一直不曾变过的品质：善良、仗义、真诚。这些也是我们的共同点，是我们能够走在一起的根基。

曾经有人问过他和濮存昕一个同样的问题："什么样的人是好人？"结果他们给出了同样的回答："为别人着想的人是好人。"

某次毛头生病，我们带他去北京儿童医院就诊，在候诊室里遇见一个从贫困地区来北京求医的家庭，小孩得的是白血病，爸爸年纪还轻但头发已经白了一大片，妈妈的眼睛都快要哭坏了。

回家之后，他就和我商量："能不能在儿童医院设立一个基金会，为白血病儿童做一些事情？"

几天之后，他还惦记着这件事："听说儿童医院专门为白血病儿童设立了一个基金会，你们八八空间可不可以跟基金会合作，为那些孩子做一些事情？"我也正有此意，于是联系儿童医院，建立合作关系，带领八八空间的学员去给患病儿童做慰问演出、分发礼物；童话剧《丑小鸭》还为白血病患儿组织捐款。每逢节假日，他可能还要忙工作，就由我买上一些东西，去看望医院里的孩子。

有一位已经调离八八空间的员工，她的妈妈被诊断出癌症，于是哭着给我打电话。虽然她已经不在我这里工作，我还是为她联系到肿瘤医院的院长，帮助她的妈妈及时做了治疗。

朱军是性情中人，讲究朋友义气，见到好兄弟有难处，他可能嘴上不说什么，但一定会替兄弟把难题解决，可能朋友到最后都不知道是他暗中出面，他也不计较："我本来就不图什么感谢，就是觉得帮了朋友的忙，心里面才踏实。"

或许是我们从别人的涟涟泪水中和紧锁的眉头上，瞥见了自己当年的影子。那时两个年轻人在北京闯荡，真是太苦了。我们深知那些来北京打

带领八八空间学员去儿童医院
看望患病的孩子。

拼的人，他们办一点事是多么不容易，所以我们才尽可能把手中的资源调动起来，把能提供的平台奉献出来，去成全别人，就像成全当年的自己。

杨丽萍有一支舞蹈，名字是《两棵树》，两棵树相互陪伴着对方成长，到最后缠绕在一起，有鸟儿在枝丫上筑巢，清风徐来，满树绿叶都雀跃起舞。

我想，这就是我要的幸福。

这么多年，我们看似一直在往高处走，其实也在向脚下寻找一个点用来软着陆，而那个地点只有我们俩知道，它是我们的秘密，是我们私享的空间，也正是这个秘密，使我俩拥有了别人永远无法窥探到的一个秘密花园。

他有时会畅想我们三十年后的生活，他老了，我也老了，两个颤颤巍巍的老人，互相搀扶着出去散步。我因为常年锻炼，所以腿脚比他利落，他很快便跟不上我的步伐，就把拐杖在地上叩得“笃笃”作响：“老婆子，你走慢点……”

跟随他的描述，我在脑海中构想出那副场景，很幸福，可不知为何，眼眶竟微微发红。

那一天终归要到来，我会老去，会跳不动舞，甚至走不动路，但我对自己有个要求：身体可以衰老，但头脑要保持清楚，我要一直记得所有的事情，记得初见时春暖花前一回眸，自此携手，春来秋往不计年；记得他用他的优秀鼓舞我去成长，让我拥有自己的事业，让我成为勇敢的母亲；记得他提笔让我跃然纸上，而我能报之一舞。

当我迎着暖暖的阳光，在摇椅上轻轻摇晃，想起过往，或许会自问：“这一生，我最骄傲的事情是什么？”

我来过，爱过，笑过，舞过，就是我给自己最好的答复。

我们在爱情中互相取暖，
在岁月里彼此成就。

D A N C E

谭校长说

艺术教育生态变革，家长配合不可或缺

艺术培训可以为孩子带去特长，增加自信，考试升学也好，专业发展也罢，都能为人生增添一个新选择，为前程开辟一条新道路。随着现代人生活水平的提高，越来越多人开始在艺术世界里为灵魂寻求滋养，家长们也愈发注重孩子的艺术启蒙。

今天，家长对孩子的艺术教育倾注了前所未有的关注和热情，但也更有可能走入弯路和误区。新形势下的艺术教育，尤其呼唤生态变革，而艺术教育生态变革中不可或缺的一环，便是站在孩子背后的家长。家长具有坚定的艺术意志和理智的艺术心态，是孩子学有所成的必要前提。

上周六，中央芭蕾舞团的李宁老师举办主题为“走进芭蕾”的讲座，期间也强调了家长的艺术意识在儿童艺术教育中起到的重要作用：家长配合老师，才能成全孩子。

成长看似是孩子一个人的事情，其实是整个家庭共同面对的历程。尤其在接受艺术教育方面，家长的态度会对孩子产生深远的影响，因此，孩子在成长，家长也要不断进步。如果家长急于求成，孩子就难免心浮气躁。

任何事情都是从“1+1”开始的，不可能刚入门就做四则运算，尤其在艺术这个格外讲求天分的领域，一位资质普通的孩子，如果不经过长期不

间断的训练，如何能够满足家长的过高要求？

我诚恳地建议各位家长，放下急躁而不切实际的期望，与孩子一起脚踏实地，慢慢成长起来。请对自己说：“我的孩子是可以的，能完成这些动作。”家长要先对孩子有自信，才能信任我们八八空间。我衷心希望听到越来越多的家长说：“今年孩子的足尖立不起来，明年一定可以。”而不是“今年孩子的足尖立不起来，我们就不学了。”

为了达成家长与学校之间的信任与理解，八八空间经常举办艺术讲座，为家长普及艺术信息；每逢表演、音乐、舞蹈课程的汇报展示，也都大力邀请家长参与；更曾悉心筹备八八空间母亲节特别活动“我和妈咪晒幸福”。

组织这些活动，目的都是让家长们看到我们的付出，看到孩子的收获，看到为艺术教育投资的成效，眼见为实，最终能够理解艺术教育工作者的不易，接受循序渐进的规律，对我们的机构更加信任，也能让孩子学得更长久。

理解是一种美德，我们在寻求家长理解的同时，也非常理解每一位亲爱的孩子。现在的孩子们从出生起就开始争分夺秒，学校的学业不能松懈，课余时间又被兴趣班填满，小小年纪，已经尝足了辛劳奔波的滋味。针对这种情况，八八空间正筹备研发舞蹈、音乐、表演等艺术课程的教学APP，打造“互联网 + 舞蹈”的教学新格局，推出立足APP的“一对一”定制化服务，使得时空不再受限，学习更加自由，也更符合现代孩子获取信息的渠道和习惯。

另外，通过搭建线上媒体平台，可以为艺术工作者提供更便捷的创作条件和更自由的创作空间，鼓励他们创作出更多更优质的儿童歌曲和儿童读物。

八八空间已经在举办夏令营时进行过微电影的拍摄，我们期待等时机成熟，能够推出优质的线上儿童栏目，使即将步入第十个年头的八八空间与时俱进，日新月异，不断焕发出新意和活力。

附录 | 谭梅和她的朋友们

LEAD DANCER

左　青

国家一级编导、原总政歌舞团团长、解放军艺术学院原副院长

在舞台上，演员有主角配角、领舞群舞之分。看似是导演根据剧情和每位舞者的个人能力在安排各种角色，其实在我看来，每位舞者，早在她进入舞蹈教室那一瞬，她在舞台上的角色位置就被准备好了，只等她来“对号入座”。

记得 20 多年前，兰州军区战斗歌舞团招收一批舞蹈学员，我时任分管舞蹈的副团长并任主考委。经过前两轮考试的筛选，进入三试的学生集中到团里，由团党委成员和专家组统考。

招生规则第一条就规定招收年龄是 12 至 14 岁，而终考名单上的谭梅赫然已经 15 岁。是什么特殊情况让一个超龄生能通过一试、二试？我心里充满疑惑。怀着这份疑惑，在三试的考场上，我终于见到了谭梅的“庐山真面目”。

舞蹈专业对身体条件有着很高的要求：专业从事舞蹈职业的孩子，腿要长于上身不少于 12 公分，手臂长度不能短于身高，肌肉韧带要松弛，关节要灵活，脚背要高，头形不能过大……谭梅眉目清秀、长了一张娃娃脸。测量身体，她虽然身体条件不是最突出，但舞蹈感觉很突出，这也是一个舞者最难得的特质。

考试的最后一项是自选才艺展示，她声情并茂地朗诵了一首关于孩子与母亲的小诗，博得考委和领导们的眼泪和掌声。评议时，争论激烈：究竟选身体条件好的，还是选会表演的?

结果是谭梅以她的“扬长补短”进了歌舞团。但是，她的身体条件注定她只能被安排跳小战士、小巴郎之类的小角色、小人物。虽然就表演艺术而言，演技有高低之别，但角色无大小之分。然而但凡舞者，谁不想跳独舞呢？为了梦想，她厘清自身条件的局限与长处，努力“扬己之长，补艺之短”全面发展，毕业时更以小品《山妹子》的精彩表演一举扬名。

后来，她以扎实的舞蹈基础和戏剧表演才华考取解放军艺术学院戏剧系，前行在戏剧表演的道路上，对自身深刻的认识使她又一次“扬长避短”优雅转身，创办八八空间，在少儿艺术教育领域袖舞春风、桃李满园……

人的禀赋各有不同，但都要面临相同的问题：在人生的道路上，每到十字路口，你必须认清自己是怎样的人，知道自己究竟想干什么、能干什么。“随大流”或者任由别人指挥而不知道自己究竟想要什么的人，往往将陷入人生的窘境。谭梅的聪明之处在于她清楚自己的长处与短处，知道做事要“扬长避短”，更知道自己要什么、做什么、怎么做。她顺应自己的天性，做自己真正喜欢做的事，保持定力，一心一意把喜欢的事做得尽善尽美。因此，在这个充满各种诱惑的世界里，她创造出自己的家园和求艺孩子们的乐园，舞出了精彩的人生。

沈培艺

著名舞蹈表演艺术家、国家一级演员、中央戏剧学院舞剧系主任、培艺艺术基金会创始人

谭梅的名字，素常能从他丈夫朱军的话里话外听到。

记得那是二十多年前，我和朱军及一众演员到十堰市演出。长途汽车上，我们在颠簸摇晃中话起家常，自然就聊到谭梅。从朱军口中，我了解到，她原是我的同行，后转而学了戏剧；间或演过几部剧，获过几个奖项，颇有名气。当时只觉谭梅在事业上几经波折，几度花明，必是十分坚强的女子。

后来，忽有一年，听朱军说他爱人开办了一个名为“八八空间”的艺术教育机构，里面学舞的、学唱的、学音乐的一应俱全，来学的人只要热爱艺术，老幼不限；且由一个“空间”扩展连锁到好几处“空间”，甚是红火。朱军说，希望我有时间也过去辅导辅导学员。我当即答应了，便一直候着，却迟迟不见谭梅请我去，时间长了，也就淡忘了。

但朱军却是常能见到的。每次见到，好友之间总少不了嘘寒问暖，之后，他必是以“如果有空，请你去谭梅那里辅导辅导”作结。即使我已无暇，但依旧答应得爽快，因我想“请你辅导”也无非客气话，不用当真。直到谭梅的“八八空间”成立一周年大庆典，朱军又来电话邀我去参加仪式，并给那里的学员做一次讲座。我答应了，而且知道这次是认真的，因为谭梅也打来电话了!

数日前,朱军又打来电话,说希望我给谭梅即将出版的自传“写几个字”。尽管我已事务缠身,仍如常应着。不为其他,当然也不只缘于友情。

自从我于2013年在中央戏剧学院舞剧系任职,深感从一个演员到一名教师的距离如云泥之遥。有句话说得好:“一个好演员不见得是一名好老师;一名好老师必须是一个好演员。”可见做一名好老师是多么不易,其中的不易又怎一个“难”字了得;谭梅亦必是为了今天的角色,付出了常人所不知的艰辛。故此,同为师者,理当鼎力不辞。

无论作为教师的谭梅如何以自己的才智和热情成就了她的学生,使他们获得何等炫目的优异成绩;抑或“八八空间”如何成就了今天的谭梅,使她拥有了何其美丽的艺术人生,我都愿意借《领舞》出版之际,衷心祝福传播美丽与魅力的谭梅!祝福“八八空间”!祝福他们那充满爱与艺术的小家庭!

黄豆豆

著名青年舞蹈家、国家一级演员、中国舞蹈家协会副主席、全国青联常委

得知谭梅姐要出书的消息,我毫不讶异,因为在我们舞蹈圈里,谭梅

姐向来就是那一类不断挑战自我，且同时每一次都能成功胜出的人。

认识谭梅姐是在20年前——1995年，我有幸与谭梅姐当年所在的兰州军区战斗歌舞团舞蹈队的大哥大姐们，一起加入了央视春晚剧组。尽管，当年她已是在舞蹈专业上屡获佳绩、全国知名的成功舞者，但谭梅姐总是以亲和、低调的态度对待剧组中的每一位成员，以敬业的工作态度对待艺术创作。一直到很多年后，我才在无意之中得知，原来谭梅姐与央视著名主持人朱军老师是一对恩爱的模范伉俪。

此后，我再没有在生活中见过谭梅姐，倒是在多部电视剧中常常见到她饰演的角色。通常来说，舞蹈表演力求极致夸张，而影视表演讲究细腻精准，尤其注重对“度”的把控。所以，从舞蹈表演转行到影视表演，最怕让观众察觉到“不真实”“不自然”。而谭梅姐却在这一步上走得很顺畅、很自然，我想，这多少与她性格中那份与生俱来的亲和与低调有关吧！

几年前，当我得知谭梅姐再一次挑战自我，将主要精力致力于舞蹈艺术的普及教育时，我又一次在内心为谭梅姐鼓起了掌！因为，不是每一位舞者都能在自己的人生路上实现二次腾飞！不是每一位成功实现自我二次腾飞的舞者，都有实力与魄力，再次踏上自我艺术人生更高层面的起跑线！

我敬重谭梅姐，因为她都一一做到了！

值此谭梅姐新书《领舞》出版之际，于神州南国潦潦写下些许感触，以表自己作为一位舞者对一位舞林前辈的敬意，同时与全国舞蹈爱好者共同翘首以盼《领舞》的盛大发行！

朱　迅

中央电视台著名节目主持人

常有人问我："作为中央电视台最忙碌的主持人之一，你如何在事业和家庭上找到平衡？"

我答："向谭梅学习！"

谭梅是朱军哥哥的妻子，所以我叫她嫂子。第一次见面是在同事间的聚会上，谭梅把最光彩的位置留给男人，得体地站在身后，不争长短，不论输赢，只有顺从的应和、静静地笑。我心里赞叹，真是个懂得让步的女人。朱军则略带歉疚地说："你嫂子本是位很优秀的舞蹈演员，但为了家，她放弃了自己在台前的光彩，退到了幕后，可惜啊！"听得出这是充满感激的真心话，从某个角度讲，正因为后方的牢固，心里的踏实，朱军更有了在舞台上自信与从容。西北汉子虽然性子刚烈，但重情重义。平时，朱军总把太太挂在嘴边，谭梅就像一个开关，只要一触及，就能让他双眼放出幸福的神采。即便是在每年春晚的紧张时刻，朱军也总在"念叨"妻子："这衣服是你嫂子给定的，这领带是你嫂子给配的，这鞋是你嫂子给挑的，这袜子……"朱军主持春晚十九年，总能以最大气得体的形象示人，嫂子功不可没。朱军常半开玩笑地给我们这些女同事下命令："你们都应该向嫂子好好学学！”学到的经验很宝贵：一个懂得让步的女人，才能使自己的爱人更有胆识和锐气去完成你交托他的使命。所以，女人宁可扮演输家，也不要去打败自己心爱的人。

十年前，嫂子的情况有些微妙变化。丈夫的事业成功了、稳定了，孩子的个头长高了、生活独立了，一个本可就此在大树下乘凉避雨的女人，却开始创业了。2006 年，谭梅没向丈夫张口，自主募资创办了八八空间舞蹈艺术社。这个朱哥平日口中的“好太太”摇身一变成了女企业家。自此，我常在各个节目现场遇见谭梅，她并不是来探朱军班的，而是以八八空间董事长的身份，带着孩子们来历练的。穿梭于后台的她，像个普通老师，更像位慈爱妈妈。从此嫂子又多了一个称呼：“谭总！”一晃八八空间已经成立十年了，企业的发展格局越来越大。谭总不但要每天要处理公司的日常事务，每周还坚持为孩子们上课。我和朱军开玩笑道：“谭总这么忙，你不会失落吧？”而朱军的回答充满自信：“前半生她靠我，后半生我靠她！”

谭梅和朱军携手二十年，既能骑着自行车笑，又能开着吉普车聊，恩爱甜蜜羡煞众人。不但被评为央视的“五好家庭”，更被评为了“全国五好家庭”。看着他俩一路走来，不禁想起那句老话，“妻贤夫祸少，子孝父心宽。”从模范太太到商业精英，谭梅实现了一位女性梦寐以求的复合式成功。如果要探究其中的秘诀，我想，谭梅是一个优秀的舞者，所以她亦是掌控平衡的高手。在家庭与事业的两片天地中，面对爱人，温柔如水；面对困难，坚强如钢。这就是幸福的平衡。

春　妮

北京电视台著名节目主持人、北京市青联委员

谭梅姐，现人称谭校长；西北人，但偏爱甜甜糯糯的南方菜；说话柔声细语，然而每每伴着爽朗的高分贝的笑声；对谁都没红过脸，做起事来却有一股杀伐决断的魄力。

前段时间，听闻谭梅姐来我们台做“北京影响力”十大企业评选入围的陈述演讲，我又惊又喜——谭校长创立八八空间还不到十年，却已达成如此瞩目的规模和影响。我佩服她当年的勇气和眼光，更深知她这些年间的埋头实干是我所想象不到的。

记得八年前，我受邀参加一个舞蹈节目，仓促中，我向谭梅姐求助，也因此拜访了刚成立不久的八八空间。那时八八空间只有两间教室、两三位老师。为了招揽生源，谭梅姐拿着宣传册，自己跑到大街上一张一张去发、一点一点做推广。学员的练功服她亲自采购，教学课程她亲自制定，甚至教材她都坚持亲自编写。我不解：衣食无忧的她，怎么就有那么大的劲头？她说她放不下舞蹈，那是她的专业。

去年，受谭校长之邀，我作为评委参加了八八空间的一年一度的“童年星梦想”少儿才艺选拔活动总决赛。这场赛事令我为之惊艳：比赛加展示，历时七个小时，内容涵盖各个门类：古典舞、现代舞、拉丁舞、独唱、合唱、小品、童话剧、音乐剧等等，堪比春晚。

比赛现场，谭梅姐兴奋地一再解释：全国三千多人报名参赛，历经层层选拔，最终有四百多个孩子进入总决赛。孩子们都很认真、很期待，所以她要让每个孩子都有完整展现自己的机会，不留下遗憾。

颁奖晚会的压轴节目由两位特殊的小演员带来，其中一位是来自西安的8岁男孩，他5岁时不幸罹患脑瘫。他爱唱歌，可家境贫寒，难以如愿。谭梅姐听说后把他接到八八空间，免费教他唱歌。她说：“八八空间从不拒绝任何孩子，只要他们愿意来学习艺术。”由于病魔折磨，这位男孩的一只眼睛几乎失明。为此，谭梅姐又特意联系了同仁医院，在比赛结束后送他去接受治疗，并为他筹集助学金。另一位小演员来自大悦城校区，身患小儿麻痹症。这个小孩特别坚强，大赛组委会原本安排专人用轮椅把他推上台去，但他坚持自己走。短短几步，却感动全场。

当时我脑海中浮现出谭校长创立学校的初衷：因爱而生，因爱而舞。这一场比赛让我又想在后面加一句：有教无类，有爱无类。谭校长的公益心不是一时性起，而是一点一滴、从未间断。八八空间的良性发展也与这种公益精神和大爱品格分不开。看着被孩子们围绕的谭校长，听着她的朗朗笑声，我想，谭梅姐在人生的各个角色中，无论是为人妻还是为人母，不管是做演员还是做校长，都恰如其分。

她是世间最聪慧的女子，有大女人的素养，又兼有小女人的情怀。

祝福谭校长！

牛　娜

表演艺术家、解放军艺术学院戏剧系教授

我与谭梅相识在 1995 年的春天，具体地说是在考场上。考生基本是来自各军区话剧团的专业演员，唯有谭梅来自歌舞团，是舞蹈演员。考形体她很自如，舞蹈是她的专业强项，别人看她表演舞蹈都投去羡慕的目光。可考小品她就不那么自如了，她看看这个，看看那个，跟在别人后面跑，照猫画虎，她的一举一动吸引了我，也吸引了所有的考官。

秋天，她入学了，一头扎在教室里勤学苦练，很快赶上了大家。一学年过后，她与同学共同构思的小品《山妹子》代表学院参加中央电视台的小品大奖赛。赛前她更是对自己高标准、严要求，对艺术精益求精，每一句台词、每一处动作她都不放过。其中有一段舞蹈，大家都认为她跳得很好了，可她并不满足，自己去找舞蹈老师辅导，在形体教室对着镜子反复练习。她的付出得到了回报，小品获得一等奖，她个人也获最佳女演员奖。

谭梅的勤奋好学让我们越走越近，也常常谈起将来的打算。一个偶然的机会，北京电视台七色光艺术团需要老师教孩子们表演，我和谭梅商量一番，她便走入了孩子们的表演圈。来到孩子们中间的谭梅如鱼得水，把舞蹈和表演结合在一起，动中说、说中动，形成了自己的特色，迅速提高了孩子们的表演水平。许多孩子在她的培训下参加了《七色光》栏目的节目、北京电视台的春节联欢晚会及电影、电视剧的拍摄。谭梅在孩子们的眼里既是老师，又是和蔼可亲的大姐姐。她温柔的话语、甜美的微笑深深吸引着孩子们，她带给孩子们快乐，让孩子们在快乐中学到知识、习得本领。

我的朋友谭梅是一个有梦想的人，更是为实现梦想勤奋努力的人。她内在的能量远远多过她外表的柔弱，她是一个可信赖的朋友，更是一个干大事的人。

邵　峰

著名喜剧演员、总政话剧团国家一级演员

初次见谭梅，她给我的第一印象是漂亮。当年在解放军艺术学院上学时，谭梅是我们班最漂亮的，没有之一。那个年代，没有医学整容一说，所以凡是漂亮的姑娘，几乎都是纯天然的。

文艺圈里，漂亮的演员固然多，但既漂亮又聪明的演员就相对罕见了。谭梅就属于比较聪明的。她清楚知道自己想要什么。上学时，我曾经和谭梅合作过不少作品，每次搭档配合都很愉快，她没有年轻漂亮姑娘常免不了的矫揉造作。

毕业几年之后，有一天，我收到了谭梅寄来的照片，照片里谭梅的儿子很是可爱，一家三口笑得分外灿烂。我当时就知道，谭梅一定会是个称职的好妻子、好妈妈。

又是几年过去，我突然听到一个十分意外的消息：谭梅经商了，而且很成功。于是我特意抽出一天时间，去谭梅的公司看她。一看之下，当年稚嫩秀丽的小姑娘摇身一变，成了眼前成熟自信的女商人，这变化真是令人难以置信——在我的印象中，谭梅依旧是那年照片上温暖笑着的贤妻良母，没想到她娇小的身躯里居然隐藏着如此巨大的潜能。

有一句话："人生最可怕的不是醒来时不知身在何处，而是不知道走向哪里。"谭梅清醒地知道自己的目标在哪里，并且一步一步坚定地走了过来。许多人直到中年时，才明白年轻时代荒废了多少光阴；直到老年时，才懊悔许多该做的事情没有去做。而这些问题全都不曾、更不会在谭梅身上被看到。

一路走来，我的印象里都是她人生的精彩和精妙；来日方长，我这位老同学依旧永远祝福她！

肖　宁

海南省曲艺家协会副主席、海南省青年联合会副主席、配音导师

那天去谭梅家，像往常一样吃完饭、聊天，聊着聊着她说要出书了，便把初稿拿来让我看看。我一点也没有感到意外，作为挚友的我，知道她的一切都在设计当中！

一个星期后，我接到谭梅的电话，让我为这本书写点什么，我高兴之余，随口问了句："都谁写啊？"她报了几个名字，都是明星，我有了压力，便迟迟不敢动笔。又几日，谭梅再次打电话来："大家都交稿了，就差你了。"我嘀咕："写的都是大咖，我都不敢写了。"谭梅很认真地说："你们都是我的知心好友，快写，给你两天时间！"

说起谭梅，身边的朋友、同学都知道，她是一生都在努力拼搏的人，对待朋友总像亲人一样。她在我心里永远是淡定、善良、美丽的女神。

追忆八八空间十年成长，我是亲历者、见证者，并非一帆风顺。早年间学校在巴沟，北京的夏天酷暑难耐，为宣传谭梅亲自挂帅，我们进社区、访学校、发传单、搞路演；我主持，她跳舞，几个人就像唱二人转一样，可是因为没经验辛苦一年却没有盈利。如今忆起，仿佛昨天，却并未觉得当年辛酸，更多的是感动和温暖。

2006年，我们搬到了世纪金源新校区，环境好了很多。又是一个炎热的暑假，我再次冲锋陷阵，开办小主持人班，担当第一任老师。经过我们的共同努力，招收了22名小主持人。记得第一天上课时，本来不大的教室被挤得满满的，其中家长占了三分之二。这个班的孩子最小的5岁，叫吴文一，年龄大的有张梦桥、焦玥涵、白静怡……后来知道张梦桥考取了北京电影学院；吴文一、白静怡去了美国读书；焦玥涵继续学习拉丁舞，成为国家队的职业选手。作为当初八八空间小主持人班的班主任，我倍感欣慰和自豪。

谭梅是特别有爱心、有担当的人。2009年我回到海南工作了，但一直关心着八八空间的发展。一次与谭梅通电话时，她很高兴地告诉我，八八空间终于扭亏为盈了。我问她赚了多少，她说除了房租和老师的工资，赚了几万块钱，我听了哭笑不得。但接下来她说，你朱军哥越来越支持我了，我一定要做好！我也很激动，电话里我们聊了许久……

八八空间十年，许多风风雨雨，无数日日夜夜，不断发展壮大。如今的八八空间，拥有了全国七家校区，上万名学员，但我认为属于八八空间的辉煌才刚刚开始，属于谭梅的感动仍在继续！

谭梅依然纯静、美丽、执着而努力着……

家庭依然幸福美满着……

我依然崇拜、学习、关心、支持着……

图书在版编目（CIP）数据

领舞 / 谭梅著 . -- 北京 : 东方出版社 , 2015.12
ISBN 978-7-5060-8845-9

Ⅰ . ①领… Ⅱ . ①谭… Ⅲ . ①谭梅 – 自传 Ⅳ .
① K825.76

中国版本图书馆 CIP 数据核字 (2015) 第 301533 号

领　舞
(LINGWU)

作　　者：谭　梅
产品经理：刘晓立
责任编辑：张　旭　刘晓立
出　　版：东方出版社
发　　行：人民东方出版传媒有限公司
地　　址：北京市东城区朝阳门内大街 166 号
邮政编码：100706
印　　刷：小森印刷（北京）有限公司
版　　次：2016 年 1 月第 1 版
印　　次：2016 年 1 月第 1 次印刷
印　　数：1—49000 册
开　　本：720 毫米 ×960 毫米　1/16
印　　张：18.25
字　　数：235 千字
书　　号：978-7-5060-8845-9
定　　价：46.80 元
发行电话：（010）64258117　64258115　64258112